쉽고 단순하고 명쾌한 깨달음

눈 뜨고 자는 사람들

순야

펴낸날 2024년 4월 10일
발행처 리탐빌
발행인 서무태
표지디자인 엠그래픽스
인쇄 엠그래픽스
출판등록번호 제 2019-000066호
주소 서울시 용산구 회나무로 44길 2
전화 02 3448 9904
홈페이지 ritamville.com

진리의 길

지금 살고 있는 현상계는 가짜이고 매트릭스이다.
이러한 진리를 확인하고 싶다면 명상으로 가능하다.
경전이나 이론적인 지식으로는 만날 수 없다.

명상이 깊어지면 시간이 흐르지 않는다는 것을 깨닫는다.
시간이 흐르지 않는다면 과거와 미래도 없다.
이미 과학이 입증했지만, 종교는 아직도 전생, 카르마, 원죄라는
깊은 늪 속에서 허우적거리고 있다.
그래서 죄의식을 키우고 두려움을 주입하는 종교로서는 깨달을 수 없다.
개종을 해도 깨달을 수 없다.
단 개종을 한다는 것은 신을 바꾸는 일이기에
인간적인 두려움을 벗어나고 자각하는 계기가 될 수는 있지만,
여전히 깨달을 수 없다.

방향이 보이지 않으면 지금 안내자를 찾아 떠나라.
더 많은 돈을 벌고 관계를 유지하기 위한 몸부림은 이미 충분히 했다.
존재는 불멸이기에 죽지 않는다. 그러니 두려움도 있을 수 없다.
무엇보다 죽음 이전에 태어난 적도 없다는 것을 깨닫게 된다.

주변을 눈치 보지 말고 뒤돌아보지도 말라.
그저 눈을 감고 명상하라.

지금

1학년

질병 ·23 / 인간 ·23

2학년

너 참 아름답구나 ·27 / 존중하라 ·29 / 의식적인 차이 ·30 / 내면의 보석 ·30 / 나도 몰라 ·31 / 점점 ·31 / 치과병원 ·32 / 인간계 ·32 / 관습 ·32 / 가진 것 ·34 / 흐리멍텅 ·34 / 전체적으로 ·35 / 완전하다 ·35 / 카르마 ·36 / 관념대로 ·36 / 두려움 · 36 / 이상형 ·37 / 외박 ·38 / 마음의 창 ·38 / 마음의 세뇌 ·39 / 골프 약속 ·40 / 어른이들 ·41 / 휴일 ·42 / 페인트칠 ·42 / 차이점 ·43 / 관계 ·43 / 이해하라 ·43 / 그곳에 있다 · 44 / 종말 ·45 / 무게 ·46 / 사회적 동물 ·47 / 차이 ·47 / 습관 ·48 / 이중성 ·48 / 바람바람 ·49 / 수련 ·49 / 주변 정리 · 51 / 관념 ·51 / 바보 ·52 / 그때 ·52 / 강물 ·52 우리도 바보 ·53 / 조건 ·54 / 무게 · 54 / 방향 ·55 / 도움 · 55 / 금연 ·56 / 이기주의 ·57 / 비움 ·58 / 돈 버는 기계 ·59 / 뉴스 · 59 / 아사나 ·62 / 영웅 · 62 / 매트릭스 ·63 / 4년 뒤에 ·63 / 반대 방향 ·64 / 군인정신 ·65 / 일과 즐거움 ·69 / 분노와 섹스 · 71 / 수용 ·72 / 재산 · 73 / 진정한 사랑 ·74 / 기적 ·74 / 깨어 있다면 · 74 / 부딪침 ·75 / 완전 ·76 / 영양분 · 77 / 생의 공부 ·77 / 외면 ·78 / 희망 ·79 / 동일시 ·79 / 침묵 · 80

3학년

파장 ·83 / 만남 ·83 / 과정 ·84 / 약속 ·84 / 불멸 ·85 / 피자 한 조각 ·86 / 빙의 ·86 / 전생 ·86 / 중성 ·87 / 지켜보는 자 ·87 / 사랑이라면 ·88 / 정보 ·88 / 상관없다 ·89 / 세 가지 눈물 ·89 / 직관 ·89 / 내 주변에 얼쩡거리지 마라 ·90 / 벗어난다 ·90 / 파장 ·90 / 히히 ·91 / 영적 알람 ·91 / 병문안 ·92 / 돌아가셨습니다 ·93 / 미루지 말라 ·94 / 몸 마음 영혼 ·94 / 영혼의 옷 ·95 / 몸집 ·96 / 영혼의 소리 ·96 / 소유 ·96 / 사랑이라면 ·98 / 춤 ·98 / 영혼의 미소 ·99 / 지금 두렵다면 ·100 / 유체 이탈 ·101 / 사랑해요 ·101 / 아름다운 이별 ·102 / 운전자 ·102 / 아바타 ·102 / 점검 ·103 / 영혼의 세계로 ·103 / 중성 ·105 / 전쟁 ·106 / 사랑은 ·106

세 가지 질문 ·109 / 명상 캠프 ·109 / 권력 ·111 / 본질적인 자각 ·112 / 잠재된 에고 ·112 / 사랑은 대상에 있지 않다 ·113 / 반드시 ·113 / 아픔과 고통 ·114 / 보스 ·115 / 망설이지 마라 ·115 / 시간 문제 ·116 / 4차원 ·117 / 세 가지 소리 ·117 / 몽유병 ·118 / 정답에서 ·119 / 욕 명상 ·120 / 공격의 대상 ·121 / 내려놓기 ·121 / 결혼 ·122 / 깨어 있음 ·122 / 별거 ·123 / 비교 ·126 / 나를 아는 즐거움 ·127 / 빨간 방 ·128 / 성장 ·128 / 평소 생각 ·129 / 내 탓이다 ·129 / 안티 ·130 / 초능력 ·131 / 그저 지켜보라 ·132 / 가만히 있으면 ·132 / 에고의 특징 ·133 / 존재함 ·133 / 의지 ·133 / 방향 ·134 / 나눔 ·134 / 가치 ·135 / 조건 ·135 / 아이러니 ·136 / 이기주의 ·136 / 방송심의 ·137 / 방어 ·137 / 나를 안아주세요 ·138 / 동심회복 ·138 / 관점 ·139 / 리나 ·139 / 때 ·139 / 남 탓 ·140 / 마음의 소리 ·140 / 미용실 ·141 / 문제 ·141 / 어디에서나 ·142 / 동일시 ·142 / 영양분 ·143 / 즐기는 자 ·143 / 차라리 ·144 / 깨어나라 ·145 / 개밥그릇 ·145 / 관념 ·146 / 내 안에 147· / 불행은 행복 ·147 / 외롭지 않다 ·148 / 세상에는 ·148 / 지혜 ·148 / 다른 차원 ·149 / 자존감 ·149 / 무지 ·150 / 욕심 ·150 / 부활 ·151 / 나를 위해서 ·151 / 아닌 것이 ·152 / 통로 ·152 / 그렇지 않다면· 152/ 성 에너지 ·153 / 오물 인생 ·154 / 정보 ·154 / 그대 안에서 ·155 /

집중 ·156 / 거짓말 ·156 / 위인전 · 156 / 생각의 차이 ·158 / 문어씨 ·159 / 어디 쯤 ·159 / 방식 ·160 / 존중 ·160 / 정신없는 ·161 / 주입된 정보 ·161 / 비밀 1 ·162 / 비밀 2 ·163 / 웅웅 ·163 / 분노의 파장 ·164 / 거지 ·165 / 쓰레기봉투 ·166 / 절대적 이완 ·166 / 부드러움 ·167 / 찬란한 세계 ·167 / 클레오파트라 ·168 / 설교 ·169 / 생각 ·170 / 정체되면 ·170 / 변화 ·171 / 치유 ·172 / 쇼핑중독 ·172 / 월급 ·173 / 과거 있는 여자 ·174 / 자유 ·174 / 나를 대하듯이 ·175 / 무지 ·175 / 관심 ·176 / 이름 ·176 / 노안 ·177 / 천국 ·177 / 흔들림 없는 사랑 ·178 / 새로운 변화 ·179 / 알리고 싶다면 ·180 / 포기 ·180 / 안내 ·181 / 누구에게나 ·181 / 척 ·182 / 모순 ·182 / 3개월 ·184 / 문자왔숑 ·185 / 깜박거림 · 186/ 멈춤 ·186 / 부러움 ·187 / 기부 ·187 / 신기한 일 ·188 / 조건 없이 ·188 / 언제나 ·189 / 연인 ·189 / 불행이 깊을수록 ·190 / 그대 책임 ·191 / 깊어지면 ·191 / 의식만큼 ·192 / 궁극적인 변화 ·192 / 삶 ·193 / 공허 ·193 / 첫 방문 ·194 / 두 친구 ·194 / 경쟁 ·195 / 내일은 오지 않는다 ·196 / 지능 ·196 / 노세 ·197 / 차이만 ·199 / 달 ·199 / 출가 ·200 / 여성성 ·200 / 기도 ·201 / 잘생긴 코 ·202 / 전생 ·202 / 벗어난 자 ·203 / 관점 ·203 / 수준 ·204 / 조금이라도 ·204 / 부끄러움 ·206 / 이것은 ·207 / 의식 ·207

5학년

새로운 차 ·211 / 분리 ·211 / 이웃을 사랑하라 ·212 / 그냥한다 ·212 / 아무것도 ·213 / 이념 ·213 / 느껴보라 ·214 / 멈춤 ·214 / 다른 차원 ·214 / 음악을 들으며 ·215 / 변형 ·216 / 순환 ·216 / 균열 ·217 / 균형 ·217 / 깨어남 ·218 / 세 개의 눈 ·218 / 무한한 존재 ·218 / 영원 ·219 / 숨 ·219 / 그렇지만 괜찮다 ·221 / 평화 ·221 / 조건 ·222 / 아름다운 유언 ·222 / 이런 제안 ·222 / 오늘 ·223 / 낯설게 ·223 / 공생 ·223 / 연습 ·224 / 손님 ·224 / 존재의 이유 ·225 / 그냥 살기 ·225 / 한계란 없다 ·226 / 나를 위해서 ·226 / 거위 아빠 ·227 / 용의 문서 ·227 / 위급할 때 ·227 / 애쓰지 말라 ·228 / 폭주명상 ·228 / 소유물 ·228 / 웃다 보면 ·229 / 그냥 ·229 / 시작하는 순간 ·230 / 돈이 없어도 ·230 / 지켜보라 ·231 / 계단 ·232 / 존재의 눈물 ·232 / 요람명상 ·232 / 허공 ·233 / 아이처럼 ·234 / 씨앗 ·235 / 두 종류 ·235 / 세 가지 눈 ·236 / 나는 누구인가 ·236 / 세 가지 소리 ·237 / 춤 ·237 / 존재 그 자체 ·238 / 엄지발가락 족 ·238

6학년

다 사라진다 ·243 / 집착하지 말라 ·243 / 명상은 ·244 / 아래로 ·244 / 현존 ·244 / 흐르지 않는다 ·245 / 영원한 소멸 ·245 / 새로운 탄생 ·246 / 그때 ·247 / 오직 ·247 / 시한부 인생 ·248 / 미지의 세계 ·248 / 리듬 ·249 / 알 수 없는 ·249 / 질문과 답 ·249 / 평범 ·250 / 순간의 가치 ·250 / 루시 ·251 / 낙원 ·251 / 삶의 방향 ·252 / 명삶 ·252 / 깼다 ·252 / 말들의 중심 ·253 / 각성 ·253 / 하늘 명상 ·254 / 끌어당김 ·254 / 침묵 ·255 / 쵸코파이 ·256 / 두려움 ·257 / 행복의 종류 ·257 / 홀로 있음이란 ·257 / 우주의 중심 ·259 / 초능력 ·259 / 생각대로 된다 ·259 / 탐험 ·260 / 차이 ·261 / 앎과 모름 ·261 / 새로운 제품 ·262 / 빨리 가자 ·262 / 명상은 ·263 / 차원 이동 ·263 / 연말연시 ·264 / 하늘 ·265 / 어떤 사람과 살고 싶은가 ·266 / 나그네 ·266 / 내면의 소리 ·267

축복 ·271 / 신성한 기쁨 ·271 / 파장 속에서 ·271 / 붓다의 눈 ·272 / 인디언 처녀 ·273 / 예외 없이 ·274 / 그저 ·275 / 비로소 ·276 / 시간은 ·277 / 축제의 향연 ·277 / 부처님 손바닥 ·273 / 시작은 ·279 / 뿌리 ·281 / 경험 ·281 / 어디에 있는가 ·282 / 내가 본 아바타 283· / 체크 ·284 / 유일인 ·285 / 모순 ·285 / 중성 ·286 / 바티칸을 보라 ·286 / 신의 길 ·287 / 지옥 ·288 / 천국 ·289 / 반복 ·289 / + ·290 / 아주 가끔 ·290 / 상상 ·290 / 관념의 벽 ·291 / 수호신 ·292 / 발바닥 ·292 / 신이시여 ·293 / 형식적인 기도 ·293 / 웃고 떠들어라 ·293 / 겨자씨 ·294 / 비즈니스 ·294 / 결혼식에서 ·295 / 연결 ·295 / 공기와 같은 ·295 / 깨어 있는 자 ·296 / 종교가 하는 일 ·296 / 오직 지금 ·297 / 지켜보라 ·298 / 낮은 의식 ·298 / 진리 ·298 / 특별한 기적 ·299 / 이 시대의 성인 ·300 / 다르지 않다 ·300 / 황당한 주례사 ·301 / 선생과 스승 ·301 / 구걸 ·302 / 왜 ·302 / 결국 ·303 / 스승이시여, 왜 그렇게 슬퍼하십니까? ·303 / 신이 되는 문 ·303 / 깨달으면 ·304 / 죽어도 죽지 않는 ·304 / 관념 파괴 ·305 / 세례명 ·306 / 죽을 만큼 ·307 / 병문안 ·307 / 다리 ·308 / 궁극 ·308 / 먹으면 ·309 / 반신반인 ·309 / 내 안에서 ·309 / 중매 ·310 / 세뇌 ·310 / 세상의 주인 ·311 / 분명하다 ·311 / 스승과 친구 ·312 / 연결된 하나 ·312 / 人乃天 ·313 / 신과 같은 ·314 / 내세울 것이 없는 ·314 / 악마 ·315 / 환불약정 ·315 / 십계명 ·317 / 교주가 되어라 ·318 / 너 자신을 알라 ·318 / 방향 ·319 / 의식의 파장 ·319

중도 ·323 / 따라온다 · 323 / 하심 ·324 / 실현 ·324 / 다 똑같다 ·325 / 그냥 깨닫자 · 326

9학년

길 ·331 / 이미 ·331 / 마음 작용 ·331 / 종교란 ·332 / 창조자와 창조주 ·332 / 신격 ·333 / 전지전능 ·333 / 전체성 ·334 / 진리이다 ·334 / 철학 교수 ·336 / 주변을 둘러보라 ·337 / 나마스떼 ·339 / 인사 ·340 / 다 같은 ·340 / 누구나 다 ·341 / 개종 ·342 / 누가 더 ·342 / 물 위를 걷는 자 ·343 / 창조주 ·346 / 없다 ·346 / 그렇다 ·347 / 신은 어디에 ·347 / 등불 ·348 / 그는 창조주 ·348 / 신은 누구인가 ·349 / 다신동체 ·351 / 자신 ·351 / 호칭 ·352 / 근원 ·352 / 관상 ·353 / 종교성과 종교 ·354 / 개를 알아본다 ·355 / 전하는 것과 나누는 것 ·356 / 깨어나라 ·357 / 개종 ·358 / 한 마리의 양 ·358 / 인간은 사회적인 동물이다 ·360 / 그저 즐겨라 ·362 / 신의 놀이 ·363

없다 ·367 / 깊어지기 ·367 / 내면에서 ·368 / 신과의 조우 ·368 / 3무 ·369 / 무지 ·369 / 세상을 신이 창조했다면 ·370 / 눈을 감아라 ·371 / 해탈 ·372 / 분리는 ·373 / 진리 ·374 / 언어 이전 ·374 / 하산 ·375 / 근원적으로 ·375 / 창조의 신 ·376 / 방해꾼 ·376 / 의신증 ·377 / 벗어난 자 ·378 / 아나타 ·379 / 성공은 ·380 / 원수를 사랑하라 ·381 / 내 의식만큼 ·382 / 오직 공 ·384 / 고통의 시작 ·384 / 삶이 명상 ·385 / 어디쯤 가고 있을까 ·386 / 사라짐 ·387 / 1~999 ·388 / 그냥 사는 것 ·389 / 평범한 일상 ·390 / 이런 사랑 ·391 / 참다운 해방 ·391 / 아니다 ·392 / 무에서 무 ·392 / 변화 ·393 / 축복 ·393 / 환상 ·394 / SNS ·394 / 졸업생 ·396 / 그저 무 ·398 / 극단 ·399 / 지금 100% ·399 / 깨어 있다면 ·400 / 투영 ·402 / 역설이란 ·402 / 깨달음 ·403 / 영혼은 중성이다 ·404 / 지켜보는 자도 없다 ·405 / 너 자신을 알라 ·406 / 똑~똑~똑 ·406 / 공존 ·408 / 같은 것 ·408 / 소멸 ·409 / 삶은 축복 ·410 / 이미 ·411 / 진리는 ·412 / 명상하라 ·412 / 일체성 ·413 / 깨달은 자 ·415 / 없다 ·416 / 신의 영역 ·416 /깨어나라! ·419 / 감정놀이 ·419 / 슈퍼소울릴레이 ·420 / 의식 도표 ·422 / 진리의 마을 ·423

1학년

몸은 스스로는 분별하거나 판단하지 않지만 흰색, 검은색, 크고 작은, 무겁거나 가벼운 모양을 가지고 있다. 영혼의 탄생을 돕는 도구이지만, 생로병사를 벗어날 수 없다.

질병

어느 날 육체의 한 부분이 느껴지기 시작하면 건강에 이상이 생긴 것이다. 몸이 무겁거나 피곤하거나 아프거나 하면 건강할 때는 그 부분이 있었는지도 잘 모른다. 몸은 그동안 사용해 온 감정들이 쌓이고 저장된 역사책이다. '아, 나에게 간이 있었구나!' 하고 느껴진다면 질병이 생겼다는 신호이다. 그 질병은 다름 아닌 마음이 만들었다.

인간

수성 인성 신성의 방향이 있다.
동물적 육체적 생리적 본능적
인간적 마음적 관계적 에고적
신성적 정신적 교류적 존재적

2학년

 마음은 생각 감정, 기억 추억 따위로 비교 판단하고 통제하는 역할을 하는 공간, 영혼의 성장을 돕는 영양분

너 참 아름답구나

사람들 사이에는 가끔씩 오해가 일어난다. 정보가 왜곡되거나 관계가 틀어지면서 일어날 수 있는 당연한 일이기에 잘못된 것은 아니다. 오히려 그 기회를 통해 에고를 내려놓을 수 있는 계기가 된다. 죄책감을 갖기보단 기회가 될 때마다 그저 냉정히 바라보는 연습을 해야 한다.

서로가 마음을 꽁꽁 닫고 살면 된다. 아니면 서로가 열고 살면 아무런 부딪침 없이 살아갈 수 있다. 문제는 기대를 갖고 마음을 열었다가 실망을 하고 닫는다. 어느 쪽이든 다 괜찮다. 그대는 어느 쪽에 있는가?

마음의 성질을 알면 된다. 도심을 벗어나 한적한 숲 속에 머물고 싶어 하지만, 그곳에 도착하여 머무는 순간 많은 인파들이 오가는 도심 속에서 커피를 마시거나 극장을 그리워한다.

이렇게 변덕스러운 마음을 벗어나지 않고서는 그대 안에서 평화를 찾는 일은 결코 있을 수 없다.

이제 다른 사람과의 대화를 멈추고 자신과의 대화를 시작해야 한다. 먼저 눈에 보이는 육체적인 대화가 시작되면서 조금씩 내면과의 대화가 일어날 것이다.

나는 살이 잘 안 빠진다, 피부가 안 좋다 같은 일방적인 대화가 아니라, 살이 잘 안 빠지니까 단식 좀 해야겠다. 피부가 안 좋으니 연동운동을 해서 숙변을 배출해 보자.

반복하다 보면, 그 다음으로 왜 이렇게 돈에 집착하는가? 나는 왜 사는가? 조금씩 본질적인 질문과 답이 일어날 것이다.

마음의 소리를 듣게 되면, 다른 사람들이 나를 어떻게 바라볼까 더 많은 신경을 쓰게 된다. 그냥 있는 그대로 아름다운 여배우 A는 시간이 지나고 나면 성형을 하고 나오는 것을 종종 볼 수 있다.

다른 배우의 눈, 코, 입을 따라 하게 되지만, 정작 또 다른 배우는 A의 얼굴을 따라 성형하고 있는 기이한 현상이 일어나고 있다.

왜 마음의 말이라고 하지 않고 소리라고 하는 것일까? 말은 의미가 있지만 소리라는 것은 의미가 없다는 뜻이니 마음의 소리에는 귀를 기울이지 않는 것이 낫다. 마음의 소리가 일어나면 멈추어야 한다.

마음은 만족을 모르기 때문에 어느 날엔 다른 느낌으로 성형을 하는 날이 또 올 것이다. 이 변화는 변신이기에 궁극적인 것은 아니다. 명상을 시작하라. 그리고 깊어져야 한다. 그렇다면 스스로를 바라보며 "너 참 아름답구나!"라고 말할 수 있는 날이 곧 온다.

존중하라

이 시간 이후 우리는 어떻게 될지 알 수 없다. 내일이 아니라 지금 이 찰나에 죽을 수도 있다. 그래서 오늘 할 일을 내일로 미루지 말고 지금을 살아야 한다. 그대 앞에 있는 사람을 지금 아니면 볼 수 없을 것 같은 의식으로 존중하라

가족 간에도 존중이 사라지고 있다. 성별로 분별하고 진보와 보수로 나뉘고 종교로 분열되고 있는 것이다.

종교와 나라, 민족 간의 갈등이 사라지면 가족, 친척, 개인 간의 갈등도 사라진다. 문제를 일으키는 원인은 종교 지도자, 정치 지도자들 때문이다. 이들은 자신들이 속한 집단이기주의를 키우기 위해서 가상의 적을 만들고 세뇌시키고 경쟁시킨다.

의식적인 차이

동물들은 어미들이 젖을 떼고 사냥 기술을 알려준다. 그리고 독립을 시키면 새끼들은 어미처럼 살아간다. 인간도 살아갈 수 있는 방법을 알려주고 독립을 시키면, 그때부터 기억된 정보로 일상을 살아간다. 의식적인 차이는 깨달음을 알려주는 부모도 있고, 무조건 돈 많이 벌고 건강하게 오래 살아 남을 수 있는 것을 알려주는 부모도 있다.

내면의 보석

왜, 정치가 권력가 명예를 가진 자가 되려고 하는가, 그대 내면이 공허하고 가난하기 때문이다. 그대가 지금 즐겁고 행복하다면 굳이 권력과 명예를 가질 필요가 없다. 권력을 가진 남자를 지배하는 것은 사실 아름다운 여자이다. 그 아름다운 여자를 지배하는 것은 돈이다. 알고 보면 서로 자신들이 가지지 못한 것을 탐하고 있다.

남자는 배가 불룩 튀어나와도 돈이 많거나 권력을 가졌다면, 이미 매력남이다. 굳이 헬스를 하고 근육을 키워서 매력적으로 보일 필요가 없다. 돈이 많은 여자도 울룩불룩 튀어나온 근육 맨을 소유할 수 있다. 물질적 세상에서는 돈이면 다 할 수 있다. 그대가 내면의 보석을 발견하기 전까지는 이와 같은 현상을 반복할 수밖에 없다.

나도 몰라

마음은 어디에 있는가? 내 마음 나도 몰라라 한다. 마음은 왔다 갔다 하기 때문이다. 의식적으로 잠을 자고 있는 사람들이 이와 같이 되풀이하고 있다. 상대방 또한 내 마음 나도 몰라라 하니 서로가 다 마음을 알 수가 없다.

점점

엄마가 아이에게 1등을 해야 한다는 목표를 심어주지만, 아이는 부모 마음 같지는 않다. 1등을 못한 아이는 죄의식을 갖게 되고, 엄마는 내 마음을 몰라준다고 한다. 이와 같은 일들이 반복될수록 아이의 죄의식은 점점 커져갈 것이다.

치과병원

치과병원에서 있었던 일이다. "아프면 말하세요, 혹은 왼 손을 드세요." 아프다고 왼 손을 들면, "네, 조금만 참으시면 됩니다. 네에~ 조금 더 크게 아, 말하지 마세요, 조금만 참으세요." 삶은 이와 같이 흘러간다.

인간계

"솔직하게 말하면 용서해 줄 거야?", "그래!" 그리고 말하면, 어떻게든 죽이려고 하는 게 인간계이다.

관습

우리 사회는 결혼을 하기 전에는 섹스를 하지 말라고 한다. 특히 종교 지도자들의 경우 더 지독하게 말한다. 주위에 중매 결혼을 하고, 서로 섹스가 맞지 않아 갈등하는 경우를 본 적이 있다. 주변 사람들 눈치 때문에 말도 하지 못한 채 그냥저냥 살고 있다. 물론 섹스가 전부는 아닐 테지만, 그렇다고 다른 사람들에게 보여지는 체면이나 눈치 때문에 참고 누르며, 시간을 낭비하며 살 필요는 없다.

그 옛날 남편이 죽으면 여자는 홀로 살며 정조를 지켜야 하고, 아내가 죽으면 남자는 재혼을 했다. 남편이 죽고 정절을 지킨 여인에게 3천 궁녀를 거느린 임금이 열녀문을 내려주었다. 이 얼마나 우울하고 무지한 발상인가? 여러분이 지금 이 상황이라면 당장 파괴하고 내려놓아야 할 관습이다.

누구는 3천 명을 거느리고, 누구는 한 명을 보내고도 못 잊어하며, 내려받는 그 열녀문은 누구에게나 열린 문이 되었어야 했다. 서로가 열린 문으로 교류하고 자유롭게 만날 수 있어야 한다.

참 기이하고 이상한 일은 이렇게 왜곡된 남성 우월주의 때문에 여성조차도 아들을 원하고, 정절을 지키지 않은 여성을 비방하며 남성의 편을 들고 있다.

또한 아들이 아닌 딸을 낳고는 고통스러워한다. 이러한 고통 속에서 벗어나는 길은, 남자는 아들을 낳고 여자는 딸은 낳는 길밖에 없다.

가진 것

지금 가진 것만으로도 행복한 사람이 있고,
지금 가진 것보다 더 가져야 행복한 사람이 있다.
그대는 어느 부류에 속하는가?

흐리멍텅

마음의 기능이 음식을 먹는 곳으로 집중되면서 복잡한 생각을 잊게 된다. 음식을 먹으며 이완되는 그 느낌이 좋아서,
　반복적으로 먹는다는 사람을 만난 적이 있다. 먹고 나면 식곤증이 온다. 그는 의식이 흐리멍텅하게 잠드는 것에 중독되어 있다. 반면 의식이 깨어 있는 사람은 의식이 흐려지는 것을 경계한다.

전체적으로

열린 마음이란 다음으로 미루지 않고, 현재를 전체적으로 사는 것이다.
그래서 후회 없이 풍요롭다.
닫힌 마음이란 과거나 미래로 분리되어 사는 것이다.
그래서 후회하고 두려워한다.

완전하다

돈이 많은 여자와 아름다운 몸매를 가진 여자가 있었다. 놀라운 것은 두 사람 모두 서로를 부러워하며 힘들어하고 있다, 우리가 바라고 원하는 것은 이미 가진 것보다. 가지지 못한 것을 더 갈망하고 있기 때문이다. 서로가 부러워하는 것처럼 지금 있는 그대로 완전하다는 것을 깨달아야 한다.

카르마

노인이 오래 사는 것 외엔 바라는 것이 정말 아무것도 없다고 한다. 오래 살고 싶은 것을 집착하고 있지 않은가? 돈을 많이 가진 사람들의 죽음을 지켜보면 그 돈을 가지고 가는 자는 단 한 명도 없다. 그렇지만 돈에 대한 집착과 욕심만은 가져갈 수 있다. 이를 카르마라고 한다.

관념대로

옛날에는 부모가 자식을 때리는 것이 사랑하기 때문에 아무런 문제가 되지 않았다. 지금은 부모가 자식을 때리면 이웃이 고발하고 가족이 고발한다. 어느 쪽이든 사랑이 없다. 가족에게 사랑이 있다면 때릴 이유도 맞을 이유도 없다. 사랑하기 때문에 때리는 것은 자신의 관념대로 길들이고 지배하기 위한 핑계일 뿐이다.

두려움

의식이 낮은 사람일수록 약자에게 겁을 준다. 살려달라는 소리를 들으며 우월함을 느낀다. 만약 그들에게 "그래 나를 죽여라" 하고 말한다면, 뜻밖의 상황에 당황하게 된다. 예수나 부처가 쇠파이프나 야구방망이를 들고 다니며 위협하는 것을 본 적이 있는가. 그리고 떼를 지어 다니지도 않는다. 조직폭력배들은 혼자 다니지 못한다. 사우나를 갈 때도 최소 두세 명이 몰려다닌다. 그들의 내면엔 언제 죽거나 잡힐지도 모른다는 두려움이 있기 때문이다. 두려움이 많을수록 무리 지어 다니며 세력을 과시한다.

이상형

마음의 사랑은 진정한 사랑이 되지 못한다. 마음은 기억에서 나오는 것이기에 이상형이라는 관념을 가지고 있다. 그렇지만 시간이 지나면 이상형이 변한다.

이상형이라는 것은 '내 마음에 든다, 안 든다'와 같은 오래된 기억과 습관이 만들어 낸 마음의 작용이다. 내 마음에는 드는데 다른 사람의 마음에는 안 들 수도 있다. 그래서 내 마음 같지 않다고 한다. 오직 마음을 비울 때만이 모두가 이상형이 된다. 마음을 비웠다면 마음을 아는 자가 된다. 마음을 모르는 자는 마음을 이야기하고, 마음을 아는 자는 더 이상 마음 이야기를 하지 않는다.

외박

여자가 어제 입은 옷을 입고 나오자 친구들이 "너 외박했지?"라고 질문하는 것을 보았다. 깨어 있지 않다면 이렇듯 자신만의 관념의 늪 속에서 허우적거리며 힘들게 살아간다. 옷을 안 갈아입고 나올 수도 있고, 하루 더 입을 수도 있다. 외박을 하든 옷을 안 갈아입었든 도대체 무슨 상관인가? 외박을 하고 옷을 갈아입고 나오면, 외박을 하지 않은 것이 되는가?

마음의 창

눈은 마음의 창이라는 말이 있다. 사람의 눈을 보면 마음을 알 수 있기 때문이다. 마음의 현상이 감각으로 느껴지기 때문이다. 사랑하는 연인들은 서로의 눈을 통해 깊이 들어갈 수 있지만, 서로 미워하는 사이는 마음과 마음의 창에 거부와 부딪침이 일어난다.

사랑하는 사이에는 마음의 창에 드리워진 것이 금방 사라지고 쉽게 하나가 된다. 시간이 지나 마음의 관념이 생기기 시작하면 사랑이 변하고 좋아하는 대상이 변하기도 한다. 하지만 이 또한 다른 대상을 통해서 사랑을 알아가는 과정이다.

결혼을 한다고 사랑이 생기거나 의식적으로 변하는 것은 없다. 달라졌다고 생각하는 것은 마음일 뿐, 존재 그 자체가 변하는 것은 아무것도 없다. 아이를 낳고 나이를 먹어간다고 변화하고 성장하는 것은 결코 아니다. 결혼은 하나의 과정일 뿐, 사랑은 자신 안에서 발견하게 된다.

마음의 세뇌

'마음이 고와야 여자지'라는 노래가 있다. 어떻게 하면 마음이 고와질까? 하고 싶은 말이 있어도 하지 말고, 고분고분 시키는 대로만 하라는 의미가 포함되어 있다. 부모들은 아이들에게 시키는 대로 말 잘 듣는 착한 어린이를 기대하고 있는 것과 같다. 그 아이가 커서 뭐가 될까, 시키는 사람이 없다면 무슨 일을 할 수 있을까? 마음이 고운 여자가 되지 말라, 착한 어린이로 키우지도 말라.

마음에 딱 맞는 친구란? 환경, 읽은 책, 비슷한 관념을 가진 부모 밑에서 자랐다면 쉽게 만날 수 있다. 그렇지만 그들 또한 한 공간에 오랫동안 있게 된다면 서로 딱 맞지 않는 친구라는 것을 알게 된다. 그리 오랜 시간이 필요하지 않다. 마음은 변심하고 부딪치기 때문에 영원한 것을 보지 못한다. 영원한 것은 부딪침 이후에 나온다.

골프 약속

골프 약속은 꼭 지켜야 한다는 이들을 만난 적이 있다. 자신들의 아름다운 문화라고 합리화하겠지만, 인간적인 교류가 아닌 비지니스 관계이기에 가능하다. 그렇지 않으면 그 모임 자체가 금방 사라져 버렸을 것이다.

골프 모임뿐만이 아니라, 우리가 만나는 모든 사람들이 다 존중받아야 하고 존중해야 한다. 하루는 자신의 어머니가 쓰러졌는데도 빠지지 않고 골프 약속을 지키러 가는 것을 보았다. 그는 관계를 초월한 깨어 있는 자이거나, 아니면 관습에 길들여진 사람이다.

어른이들

회원들 중에 지도자의 나이를 꼬치꼬치 묻는 사람들이 있다. 수련을 하러 온 것이 아니다. 아까운 수련비를 내고 힘들게 찾아와 형식적인 관심과 수다를 쏟아내려 온 것이다.

나이를 알고 나면 배움의 진지함이 사라진다. 동생처럼 대하고, "조카뻘 되네."라고 스스로 무지한 모습을 드러내기 시작한다. 익숙하게 살아온 길들여진 관념을 벗어나는 것은 매우 힘든 일이다. 사실 나이를 알려주는 게 뭐가 대수이겠는가? 그렇지만 어린 어른, 어른이들은 자신의 존재감을 찾기 위해 나이로써 관계를 만들고 지배하려 드는 습성이 있다.

휴일

가만히 있어도 평화로운 자는 진실로 평화로운 자이다. 대부분의 사람들은 가만히 잊지 못한다. 두렵고 불안하기 때문에 뭔가를 해야만이 생각을 멈출 수 있기 때문이다. 어느 휴일, 집안에 가만히 앉아서 그저 지켜보라. 수많은 생각들이 마음속에서 움직이고 있을 것이다. 반응하지 말고 계속 지켜보라. 생각이 멈춰지는 그 순간 마음은 텅 비어있을 것이다.

페인트칠

이미 페인트칠이 되어 있는 벽면을 긁어내고 칠을 하는 것과 긁어내지 않고 칠하는 것은 분명한 차이가 있다. 일상생활에서도 어제의 까칠한 감정을 그대로 쌓아두고 사는 것과 비우고 새롭게 시작하는 것은 다르다.

차이점

흔히 인간 같지 않은 행동을 할 때, '개 같은 새끼, 개새끼'라고 말한다. 왜 그럴까? 동물처럼 말귀를 못 알아듣거나 행동할 때, 그 모습을 빗대어서 쓰는 말이다. 그 소리를 듣고도 계속 반복한다면 개만도 못한 놈이 되는 것이다. 요즘 SNS를 보면, 동물들이 박수치고 노래하고 춤추는 영상들을 많이 접할 수 있다. 인간보다 나은 분들이다. 인간과 동물의 차이점은 형상과는 무관하다.

관계

가진 게 없고 바라는 게 많다면 멀어질 것이고, 가진 게 많고 바라는 게 없다면 가까워질 것이다

이해하라

불면증에 걸린 환자와 의사가 만났다.
"옆 방 신혼 부부 때문에 잠을 못 자겠어요."

그 말을 들은 의사는 의미심장한 미소를 지으면서,
"신혼 때는 좋아서 소리를 지르는 것이니
예민한 반응보다는 이해를 하셔야 됩니다."
"그게 아니라 아무 소리도 들리지 않아서 이사를 가려고 합니다."
사람들의 관심은 이와 같이 서로 다를 수도 있다
다름을 이해하면 부딪침은 사라진다.

그곳에 있다

남녀가 만나고 헤어지는 것은 지극히 정상적이다.
많이 만나고 헤어지는 것 또한 지극히 정상적이다.
결혼을 하고 이혼을 하는 것도 정상적이다.
우리 모두는 수많은 만남을 통해 자신을 알아가고
사랑을 알아가는 과정에 있다.
많이 만나고 헤어지는 것은 자신을 알아가기 위한 갈망이니
당사자가 아닌 사람들은 부디 방해해서는 안 된다.
오히려 격려를 해 줘야 한다.
부모도 선생도 그 누구도 사랑을 알려주지 않았기에
사랑을 모르고 있기 때문이다.

공부를 일등하고 돈 많은 사람을 만난다고
사랑을 알고 잘 사는 것이 아니다.
만나고 헤어지는 것이 종교의 교리와 어긋나지 않으니
참고 누르고 쌓아두지 않아야 한다.
사랑은 잘 포장되어 있는 것이 아니다.
속엔 곪고 상처로 가득하지만,
누군가에게 행복한 척 보여주어야 할 필요는 없다.
오히려 가리고 숨기는 것보다 드러내는 것이 더 빨리 치유된다.
변화를 원한다면 더 이상 다른 대상을 찾지 말고
지금 당장 내면세계로 뛰어들어야 한다.
그곳에 사랑이 있다.

종말

월세방을 얻어서 살고 있을 때의 일이다. 주인 집 아주머니는 교회를 열심히 다니신 분이었고 종말을 앞두고 있었다. 아주머니는 나와 친구를 구원해 주기 위해서 교회로 초청했다. 교회 가는 것에 대해 시큰둥해하자 월세를 조금 깎아주겠다고 제안했다. 종말이 되면 돈이 무슨 소용이 있겠는가? 월세에 현혹되어 친구와 함께 교회를 다녀왔다. 종말의 날이 다가왔지만 아무 일도 일어나지 않았다. 그래서 주인아주머니를 보고 기쁘게 인사를 하였지만, 아주머니는 아무런 일도 일어나지 않은 것에 대한 불만을 가진 듯 보였다. 그날 이후 서로 얼굴 보는 것이 서먹해졌다. 그렇게 세뇌되어 속고도 주인아주머니는 열심히 교회를 다녔다. 약속했던 월세는 깎아주지 않아서 다음 종말을 기약해야 했다.

무게

몸무게가 많이 나가는 사람도 에너지가 정체되지 않고 순환이 잘 된다면 몸이 가볍다고 한다. 반면 몸무게가 가벼운 사람이 에너지가 정체되고, 순환이 잘 안되면 몸이 무겁다고 한다. 감정을 비우지 못하고 쌓여 있을 때도 몸이 무겁다. 그래서 쌓인 감정을 비우고 나면 기분이 한결 나아졌다고 한다. 몸이 무겁고 가벼운 것은 몸무게의 차이가 아니다.

마음에도 무게가 있다. 마음이 무거운 사람이 있고 가벼운 사람이 있다. 무거운 것은 생각과 감정이 가득 차 있는 것이며, 그 마음이 비워지면 홀가분해진다.

사회적 동물

마음의 눈으로 바라보고, 마음의 소리를 듣는다면, 관념쟁이가 된다. 육체를 자신이라는 사람이 있고, 마음을 자신이라는 사람도 있다. 분노와 욕망의 상태도 자신이 아니다. 감정은 지나가는 현상이다.

'아, 머 이런 것이, 내 안에 이런 것이 있었구나.' 이것을 바라볼 수 있으면 된다. 이것을 깨닫게 될 때까지 계속해서 반복하게 될 것이다. 그렇게 반복해도 변화가 없다면 그대는 동물이다. 사회의 때가 묻지 않은 자연적인 동물도 있지만, 그대는 마음과 분노가 '나'라고 오랫동안 길들여진 사회적 동물이다. 그 이후에도 자각하지 못한다면 동물보다도 못한 놈이 된다.

차이

부인은 함께 살고는 싶지만 오래 있고 싶지 않고,
애인은 오래 있고 싶지만 함께 살고 싶지는 않은,
이것이 마음의 작용이고 마음의 사랑이다.

습관

처음에는 내가 습관을 만들지만, 나중에는 무의식적인 습관이 나를 이끌고 다닌다. 이 습관이 마음이다. 그래서 마음을 내려놓아라, 마음을 비워라, 마음을 잡아라 라고 한다. 이것은 마음 스스로는 할 수 없고 나를 알아야만 할 수 있는 것들이다. 나를 알아야 내가 마음을 내려놓고 내가 마음을 비우고 내가 마음을 잡는 것이다. 그렇다면 마음은 할 수 있는 일을 마음대로 할 수가 없다. 이러한 원리를 안다면 마음을 조절할 수 있다.

마음에 반대하는 것도 마음이다. 존재는 마음에 반대하지 않는다. 그저 지켜볼 뿐 마음의 성질은 변심이고 양면성을 가지고 있다. 양쪽으로 오가는 마음을 그저 지켜볼 수 있어야 한다.

이중성

마음이란? 쉬면 일하고 싶고 일하면 쉬고 싶어한다. 사는 게 힘들다고 아무것도 안 하고 살고 싶다면, 정말 아무것도 안 하고 사는 게 쉬운지 도전해 보아야 한다. 움직이지 않고 가만히 누워있어 보라! 변덕스러운 마음은 일어나서 움직이고 싶어할 것이다. 이것이 마음의 이중성이다.

바람바람

　부부의 경우 한쪽이 바람을 피우면, 다른 한쪽도 바람을 피우려고 한다. 사랑 때문인지 복수하기 위해서인지 바라보아야 한다. 아니면 평소에 억누르고 있던 마음이 작용한 것일지도 모른다.

　상대방 입장이 되어보자. 너무나 기다리던 이상형이 나타났다면 나도 흔들릴 것이기 때문이다. 그에게 이런 일이 생긴 것이구나, 있는 그대로 존중하라. 상대방 때문에 억지로 반응하기보다는 스스로에게 잠재되어 있는 것인지 체크가 먼저이다. 모든 것은 변하는 것이기에 복수하려 하거나 소유하지 말라. 소유하는 그 순간 그에게 소유 당할 것이다. 상대를 잊어라, 내려놓으라. 사랑은 나를 존중하고 존경할 때 발견할 수 있다.

수련

　마음을 비운다면 부딪칠 일이 더 이상 없을 것이다. 마음은 과거의 산물이다. 그대가 오래된 기억을 바탕으로 생각을 하고 행동을 하고 있다면 마음 작용이다.

결론적으로 말하자면 그대 부모님으로부터 주입된 정보와 선생, 친지, 친구들에게서 들은 정보들이 그대 자신 인 것처럼 말하고 행동하는 것이다. 그들의 바람과 기대를 채우기 위해 명예, 지식, 재산을 채워나가고 자신의 이름을 빛내기 위해서 지금도 그렇게 노력하고 있지만, 여전히 마음을 만족시킬 수는 없다.

욕망을 얻고 나면 또 다른 욕망을 향해서 나아가야 하기 때문이다. 그래서 스승들은 마음을 비워라, 마음을 내려놓으라고 한다. 부딪침이 일어나는 것은 마음속에 가득 차 있는 기억된 정보들 때문이다. 서로가 살아온 환경과 배운 지식이 다르기 때문에 자기가 알고 있는 정보가 맞다고 확신하는 것에서 일어나는 부딪침이다.

불안과 두려움이 사라질 때까지 수련하라. '닦을 수 (修) , 연습할 련 (鍊)', 이는 거울을 닦듯 마음 닦는 연습을 하라는 뜻이다.

주변 정리

그대가 살기 위해서 늘 부정적인 에너지를 쓰고 있다면, 그대 주위에는 부정적인 사람들로만 가득할 것이다. 같은 에너지를 쓰기 때문에 같은 에너지가 모이는 것을 끼리끼리 유유상종이라고 한다. 그대는 마음이 맞는 환경에서 벗어날 것인가, 아니면 지금처럼 그렇게 살 것인가? 그대가 변화하거나 성장하지 못하는 이유는 주변 환경을 정리하지 못해서이다.

관념

왜 이 사람은 아름답고 저 사람은 추하게 태어났을까요? 아름다움과 추함은 마음속에서 비교하고 분석하는 기억이 만들어 낸 허상일 뿐이다. 처음 태어났을 때 어린 기억의 그대가 아름답고 추한 것을 비교할 수 있었겠는가? 그때는 추한 것도 없고 아름다운 것도 없었다. 그대의 부모와 선생이 만들어준 관념 때문이다. 사회가 입혀놓은 관념의 옷을 벗어 던지면, 모든 것이 아름답게 보일 것이다.

바보

지식적인 사람을 만난 적이 있다. 지식적으로는 방대하나 직관력이 떨어지고 지능적이다. 그는 책이 없으면 불안해지고 끊임없이 책을 읽는 것을 보았다. 어느 날, 책이 없으면 이미 읽었던 것을 반복해서 읽고 있었다. 그에게서는 새롭거나 신선한 것이 없다. 그렇지만 쉬지 않고 책을 읽는다. 지식으로 가득한 바보들의 특징이다.

그때

그냥 좋으면 날 찾아오너라. 이유가 있으면 안 된다. 그냥 이유 없이 기분이 좋아져야만 한다. 이유가 있다는 것은 그 조건이 사라졌을 때 기분이 나빠진다. 그것은 마음을 쓰고 있는 것이니, 그냥 이유 없이 기분이 좋아질 때를 기다려라. 그리고 나를 찾아오라.

강물

그대가 힘든 것은 과거 때문이다. 끊임없이 과거를 떠올리며 현재를 괴롭히는 것이다. 흐르는 강물에 물감을 뿌려보라. 빠른 속도로 흘러간다. 이제 어제의 강물을 오늘 만날 수 없듯, 어제의 그대도 이미 흘러가고 없으니, 지금의 그대는 새로운 그대이다. 그래서 깨어 있는 자는 지금 이 순간을 살고, 어리석은 자는 지난 과거에 메어 산다.

우리도 바보

어떤 아이에게 물어본다.
"왜 교회를 나가니?"
"지옥 가지 않으려고요."
어떤 어른에게 물어본다.
"왜 교회를 나갑니까?"
"천국가야 하기 때문에"
이 얼마나 끔찍한 세뇌인가?
어떤 정치인에게 물어본다.

"왜 교회를 다니는가?"
"권력을 위해서"
이 얼마나 무지한 바보인가?
우리는 이런 바보들에게 투표를 하고 있다.
위의 교회라는 단어를 절로 바꾸어도 내용은 다르지 않다.

조건

내 마음을 다 줄게? 마음을 주는 것은 대상에 대한 것일 뿐 영원한 것은 아니다. 마음은 그 당시 그 조건 '완전 내 스타일이야' 때문에 좋아하는 것이지만, 육체적으로 결함이 있거나 흉터가 생기면 조건적인 변화 때문에 마음도 변한다.

무게

그대의 부정적인 말 한마디가 지구를 더 무겁게 만든다

방향

 일을 왜 일이라고 하는가? 일은 휴식이다. 오랜 실업자였던 자에겐 일은 즐거운 휴식이며 오아시스와 같다. 일을 즐기는 자에게 일은 언제나 즐거움이고 휴식이다. 관점의 차이가 삶의 방향을 변화시킨다. 일을 고통이라고 하는 자와 일을 휴식이라고 하는 자의 삶은 다를 수밖에 없다. 무지한 자는 스스로 정보를 정해놓고 정보의 노예처럼 산다. 운동하면서 흘리는 땀과 일하면서 흘리는 땀의 차이는 받아드리는 정보의 차이 때문이다.

도움

"좋네요."
"싫은데요."
"참 좋네요, 좋네요, 어서 해봐요."

"싫은데요."

"왜 그렇게 부정적이에요."

"싫다구요."

"아 정말 좋네요, 해봐요."

"정말 싫다구요."

"사람이 왜 그렇게 살아요."

"알았어요 좋아요."

잘못된 것은 없다

우리가 살아온 관점의 차이일 뿐

우리 모두는 싫든 좋든 서로에게 도움을 주고 있다

금연

TV를 통해 영화를 보면 담배를 피우는 장면이 나온다. 뿌옇게 모자이크로 처리되어 보인다. 그렇지만 살인을 하는 장면은 그대로 방영이 된다. 한 번쯤 체크해 본 적이 있는가?

담배를 피우지 말라는 금연 마크가 공공장소에서 자주 보인다. 모두의 건강을 위해서라고 말하겠지만, 지구를 죽이는 무기를 만들지 말라는 마크는 어디에도 보이지 않는다. 어느 나라에서나 마찬가지다. 이런 아이러니한 일들이 가능한 것은 시청자들이 어리석고 무지하기 때문이다.

담배를 피우는 것과 폭탄을 실험하는 것 중 무엇이 더 건강에 해로울까?

이기주의

종교와 정치는 권력과 돈이 필요하다는 닮은 점이 있다. 그리고 거짓말을 잘하면 종교와 정치를 오래 할 수가 있다. 대중들은 알고도 늘 속는다. 그래서 그들은 권력자가 될 수 없다. 어쩌면 그들은 정치와 종교를 전생에 이미 공부를 마쳤을 수도 있다.

가장 변화되기 힘든 사람들이 종교 지도자와 정치 지도자들이다. 그들은 이미 너무나 두꺼운 관념을 뒤집어 쓰고 있기 때문에 껍질을 벗을 수가 없다. 이미 자신의 껍질이 본질이 되어 있다. 그래서 늘 국민들을 위한다고 하면서도 행동은 그들 집단을 통해서 욕심을 채우는 이기주의에 빠져 있다.

비움

어떤 전도사를 만난 적이 있다. 그는 부자가 천국 가는 것이 낙타가 바늘구멍 통과하는 것보다 어렵다는 이야기를 했다. 연구를 오래 한 지능적인 거짓말이다. 11조를 내야 천국 간다고 하면서 부자는 천국에 갈 수 없다는 것은 상식적으로 이해할 수 없는 경우이기 때문이다. 이는 마틴 루터가 종교 개혁을 외친 이유이기도 하다

결국 노력한 만큼 돈을 벌지만, 부자는 되지 말고 다 내어놓으라는 협박이고, 두려움을 갖게 하는 정보일 수밖에 없다. 돈이 아주 많은 부자가 되면 그 돈을 빼앗기지 않고 지키려다 주위 사람도 믿을 수가 없게 된다. 결국엔 인간 관계도 나빠져서 감정적으로 힘든 상황이 오게 되고, 돈은 많지만 마음은 지옥처럼 살 수밖에 없는 비유의 뜻이기도 하다.

마음의 부자를 비유했다면 이해할 수 있다. 마음이 가난한 자, 어린아이와 같은 자, 마음속에 분별, 미움, 분노가 없이 텅텅 비어있다면 그는 죽지 않아도 이미 천국처럼 살고 있을 것이다. 마음을 비운 자는 물질을 내려놓지 않아도 돈을 잘 사용할 수 있을 테니 특별히 11조를 내지 않아도 된다. 이미 그는 천국에서 살고 있다.

돈 버는 기계

어떤 사람들은 끊임없이 돈을 번다. 행복하기 위해서 돈을 벌고 있겠지만, 그저 돈을 버는 것에만 관심이 있는 것 같다. 돈을 벌고 있는 기계로 살고 있다. 그에게 행복은 먼 미래에 있으므로, 돈을 벌고 있는 지금은 행복하지 않다. 그래서 돈을 벌고 있다.

뉴스

사람들이 즐겁고 행복한 기억이 없는 것은, 우리가 매일 접하는 뉴스가 한 몫을 단단히 하고 있기 때문이다. 뉴스를 보면 즐겁고 신나는 내용은 없다.

없는 것이 아니라 내보내지 않는 것이 더 정확한 표현일 것이다. 드라마나 스포츠 중계를 보는 중에도 끔찍한 살인 사건과 사고는 속보로 뜬다.

누군가 기부를 하고 좋은 일을 한 내용은 속보로도 뜨지 않을뿐더러 아예 뉴스에 나오는 것조차 찾아보기 힘들다.

힘들고 안 좋은 뉴스가 많아야 국민들이 정부를 믿고 따를 것이라는 권력자들의 계략이 숨겨져 있다.

그래서 그들은 하나만 볼 수 있을 뿐 다른 걸 보지 못한다. 기부를 하거나 사랑을 나누는 뉴스가 많이 나온다면, 국민들은 뉴스를 따라 많은 것을 나누게 될 것이다. 이번 정부가 들어서니 세상이 좋아졌다고 느낄 것이다. 당연히 다음 선거에도 좋은 영향을 미칠 거라는 사실을 알지 못한다. 결국 그들은 정치를 잘못하고 있다는 것을……. 사건 사고를 많이 내보내면서 세상이 많이 불안하고 힘들다는 것을 알게 되면서야 느끼는 것이다. 자기가 만든 덫에 스스로 빠지는 겪이다.

그들은 국민이 웃고 행복해지는 것을 이해하지 못하고 시기하고 질투한다. 국민을 위하는 것이 아니라 언제나 국민을 이용해 왔기 때문이다. 그래서 불안하게 만들어 놓아야만이 자신들을 믿고 따라 올 것이라는 계산을 한다. 임기 중에는 항상 잘못될 경우를 대비해 즉각적으로 대체할 수 있는 뉴스거리를 준비해 두고 있다. 정권이 바뀔 때마다 제일 먼저 언론을 통제하고 방송국 사장이 바뀌는 이유가 여기에 있다. 국민들의 눈과 귀를 다른 곳으로 돌리기 위해 가장 빨리하는 조치이다.

그중에서도 많은 사람들의 관심을 받는 연예인들의 사생활과 스캔들을 이용하는 것이 가장 효과가 있다. 하지만 지금은 이조시대가 아니기에 다들 알고 있다. 결국엔 그들 스스로 만들어 놓은 뉴스에 세뇌되어 있다. 선거철에만 하는 그 예의 바른 모습들은 다 거짓이다. 스스로 국민들보다 나은 것이 없다는 것을 알고 있다. 자신이 중요하고 명예로운 자임을 알리기 위해 여러 가지를 꾸미고 있다. 그래서 권력자들이 죽었다고 하면 뉴스에서 난리가 나지만, 국민 중 누구 한 사람이 죽으면 아무렇지도 않은 일이 된다. 권력자, 국민, 파리의 죽음은 다르지 않다. 그래서 국민들이 깨어 있지 않으면 그 두꺼운 가면을 꿰뚫어 볼 수 없다.

정권이 바뀌면 무조건적인 반대를 했던 야당이 여당이 되어 이기적인 행정을 하고 이기적이었던 여당이 야당이 되어 무조건적인 반대를 할 차례다.

이들은 정권이 바뀔 때마다 역할을 바꿔가며 연기를 하고 있을 뿐이다. 그리고 모두가 국민의 행복을 위한다는 포장을 하고 있다.

아사나

힘든 요가 동작을 취하고 있을 때 요가 트레이너가 하는 말은
"잘하고 있습니다, 호흡 편하게 하세요"
누구나 삶을 잘살고 있으니 호흡을 편하게 하면 된다.

영웅

가족과 딸(아들)을 구하기 위해 다른 사람들을 수없이 죽여도 된다. 이것이 가족의 소중함이다.
    이렇게 이기적인 영화를 본 많은 사람들이 감동을 받는다.
    그를 영웅이라고 부르면서….

매트릭스

우주의 시간은 365일째라고 특별히 멈추는 것이 아니다. 366일 367일 쭈욱 흘러가버리지만, 꿈꾸는 자들은 과거를 잊지 말자고 되뇌이면서 6월은 호국보훈의 달, 8월은 광복 78년이라고 외치면서 고개를 숙이며 아픈 과거로 되돌아간다. 그 당시의 시간은 이미 지나가고 없지만, 그 기억 속 아픔을 반복하고 있다면 현재를 사는 것이 아니다. 그의 삶은 무거운 과거의 연장선이다. 생일도 마찬가지다 이미 태어난 날은 지나가고 남아있지 않지만, 그날이라는 착각 속에 축하를 받고, 다음날들은 우울하게 보낸다. 이들 모두 벗어날 수 없는 매트릭스 삶 속에 있다.

4년 뒤에

매 선거가 끝나고 당선되지 못한 정치인들이 하는 말은 언제나 똑같다. '국민의 뜻을 겸허히 받아들이겠다' 받아들였다면 반복되어서도 안 되고, 다시 나와서도 안 되지만 그들은 의식적인 변화 없이 4년 뒤에 또 다시 고개를 들고나온다.

반대 방향

정치인 권력자들을 보라! 그들은 부처, 예수와 전혀 다른 반대 방향의 길을 가면서 종교를 믿고 있다. 종교인일 수는 있지만 종교성은 없다. 정치를 위해서 종교 활동을 하는 것일 뿐이다. 세계의 역사를 보라, 잠을 이겨낸 나폴레옹은 영웅이 되어 있다. 4시간을 자고 불가능은 없다고 외친 그가 한 일이 무엇인가? 전쟁을 일으키고 많은 사람을 많이 죽인 것 외 아무것도 없다. 한 나라로 봐서는 민족을 지키고 땅을 넓힌 영웅이지만, 지구촌 전체를 봐서는 평화를 깨뜨린 자이다. 지금 이 세계의 강대국이라는 나라들을 보라, 평화를 이야기하면서 전쟁을 일으키고 있다. 전체를 보지 못하는 인류 의식의 한 단면이다.

깨어있는 리더가 전 세계 정치인들에게 제안해야 한다. 권력을 내려놓고 서로 손을 맞잡는 순간 이 세상에 전쟁은 사라지고 평화가 시작될 것이라고, 이제 전쟁 물자를 만들고 더 높은 건물을 올리기 위해서 서로 경쟁하기보다는 무기를 녹여서 농기구로 만들어 국경을 무너뜨리는 일에 서로 손을 맞잡아야 한다.

그들은 나라와 국민을 위해서는 자신을 희생하는 애국자라고 한다. 그렇지만 모두를 위한 평화를 위해서는 서로 손을 잡을 수 없다는 이중성을 숨기고 있다. 기득권을 누르고 싶은 것이다. 정치인들이 전쟁을 일으키고 나면 종교 지도자들은 평화봉사단을 보낸다. 너무나 완벽하게 아름다운 인연이다. 국민을 앞세워 욕심을 챙기며 하는 거짓말에 자기 자신까지도 교묘하게 속이고 있다. 정치인과 종교 지도자 그들이 말하는 선거 공약과 계명을 들어보면 쉽게 알 수 있을 것이다. 당선이 되고 원하는 바를 이루고 나면 공약도 계명도 교묘하게 사라진다.

군인정신

이런 말이 있다. 군대를 갔다 와야 사람이 된다고 한다. 그전까지는 사람이 아니라는 뜻이다. 사람이 된다는 것은 시키면 시키는 대로 따라오라는 숨은 뜻이 담겨있다.

자! 살펴보자.

군대를 가면 반항하고 자신의 주장을 내세우면서 자유로웠던 자들이 군인 정신으로 길들여진다. 그리고 나면 판단 능력이 사라지고 무조건적인 명령에 따른다. 규칙적으로 딱딱 정해진 대로만 살 수 있기 때문에 창의적인 것도 자율적인 것도 사라진다. 명령을 내리면 시키는 대로만 하는 군인정신.

누구든지 그곳에 들어갔다 나오면 그렇게 된다. 2년을 그렇게 살다 나오면 그렇게 될 수밖에 없다.

군대에서의 규칙을 보자.

나팔 소리와 함께 6시에 기상을 하고, 침구를 정리하고, 7시에 식사를 하고 나면, 8시까지 화장실을 다녀와야 한다. 가고 싶지 않아도 줄을 서서 기다렸다 해결하고 와야 한다. 훈련 중에 볼일을 볼 수 없기 때문이다. 본능적으로는 신호가 오지 않았는데도, 머리에서는 해결을 해야 한다. 강박관념에 사로잡혀 있다. 어느새 상관의 명령처럼 머리에서 몸으로 명령을 전달하고 있음을 느끼게 될 것이다.

이제 좀 더 자세히 살펴보도록 하자.

군입대를 하기 전에 대학생으로 데모를 한 적이 있던 학생이 훈련을 받고 의경이 되면, 최루탄을 쏘고 데모를 진압하고 있다. 격해지면 진압봉을 휘두르며 한 때 자신의 모습이었던 학생들과 뒤엉켜 싸운다.

무엇이 그들을 이렇게 만들었는가? 앞으로 가, 뒤로 돌아가, 우향, 좌향 앞으로 가, 걸음 바꿔 가, 훈련병 시절 눈만 뜨면 하는 행동들이다. 이것을 몇 주 동안 반복하고 잘 길들여진 군인들에겐 포상을 한다. 스스로 판단할 수 있는 모든 것을 지워버리고 거총, 사격을 하기 위한 끊임없이 반복되는 세뇌작용이다. 그리고 나면 옳은지 그런지 판단을 할 수 없게 되어 앉아, 엎드려, 일어서, 짖어, 물어, 그만, 이제부터는 군인정신으로 잘 길들여진 군견이 된다. 명령이 떨어지면 생각도 판단도 없이 짖어대며 공격 앞으로만 할 수 있다.

같은 사람이라는 사실도 영혼도 느낄 수 없는 오직 명령에 따르고 죽는 잘 길들여진 새로운 생명체가 된다. 사춘기 시절 자신의 의견을 내세우고 반항을 하던 자유로운 모습은 완전히 사라진다. 명령에 길들여진 군견의 모습으로 돌아오니, 사회의 권력자와 부모로서는 너무나 반가운 것이다. 이제 순순히 시키는 대로 복종하는 사람이 되어서 돌아왔기 때문이다. 조금 깨어 있는 의식으로 지켜보면, 사람이 되어서 돌아온 것이 아니라, 바보가 되었음을 알 수 있다. 이기적인 나라가 하는 일을 보라, 권력자들이라는 사람들이 하는 일을 보라.

신성한 국방의 의무를 이야기하며 군인이 될 것을 강요하고 있지만, 그들의 자녀들은 군대를 보내지 않으려고 애를 쓴다. 바보가 되는 것을 알고 있기 때문이다. 바보가 된다면 또 다른 바보들을 지배할 수 없다.

다들 바보가 되지 않기 위해 군대를 가지 않는다면, 나라는 누가 지키느냐는 질문이 나올 수 있다.

코미디 같은 질문이다. 나라를 지키지 않으면 된다. 그렇다면 적군이 쳐들어오면 다 죽는다고 또 말할 수 있겠지만, 적군들도 자신들의 나라를 지키지 않으면 간단히 해결될 문제이다.

존 레논의 이매진의 가사에서 '나라가 없다고 상상해봐요. 죽이거나 죽을 이유가 없어요'.

사실 개인 대 개인은 그다지 싸울 일이 없다. 나라를 움직이는 권력자들이 자신들의 욕심을 채우기 위해 끊임없이 북한, 일본이라는 가상의 적을 만들어 내고 국민들을 불안하게 만들 뿐이다. 그래야만 국민들이 나라에 의지하게 되고, 그렇게 해서 국민들을 지배할 수 있는 배경이 되는 것이다. 슬픈 현실이지만 아직도 경상도, 전라도를 이간질해서 정치생명을 연장하고 있는 것을 보면, 이를 쉽게 이해할 수 있을 것이다.

두 눈 뜨고 자세히 관찰해보라. 권력을 잡은 자들은 정권이 바뀔 때마다 해석을 달리 하는 교묘함이 있다. 그들에게 국민의 안전과 이익은 안중에도 없다. 이는 나라의 잘못도 정치인의 잘못도 아닌 깨어 있지 못한 그대의 문제이다. 그래서 국민이 깨어 있다면 어떤 세상이 될까? 나라가 없어진다면 권력을 누리지 못하는 정치인들이 제일 힘들어질 것이다. 그러므로 권력을 통해 얻은 재산과 명예는 영원할 수 없음을 알아야 한다. 그래서 정권이 바뀔 때마다 서로 복수를 하고 배신자를 처단한다. 권력이라는 환상을 벗어나지 못한다면 영원히 반복하게 될 것이다.

일과 즐거움

스키장에서 일하는 사람과 해수욕장에서 일하는 사람의 이야기이다. 해수욕장에서 일하는 사람이 휴가를 얻어 스키장에 와서 즐겁게 놀고 있는 모습을 보고, 스키장에서 일하는 사람이 스트레스를 받고 있다. 스키장에서 일하던 사람이 휴가를 얻어 해수욕장에 가서 즐겁게 놀고 있는 모습을 보고, 해수욕장에서 일하는 사람이 스트레스를 받고 있다.

눈 속에 있고 바다 속에 있으면서도 일을 하고 있다 라는 관념 속에 빠져 있으면 힘들다. 생각을 바꾸고 자연을 즐겨라. 그대가 역할을 바꿔 볼 수 있는 지혜가 있다면, 지금 일이 아닌 땀 흘리면서 휴가를 즐기고 있을 것이다. 그대가 지금 이 순간 분별없이 즐긴다면 일이 아닌 즐거운 휴가를 누리게 될 것이다.

여름에 더워서 추운 지방으로 여행을 떠나고, 겨울이 되면 따뜻한 지방으로 여행을 떠나는 사람을 본 적이 있다. 결국 여름이든 겨울이든 그곳에 가만히 있으면서 의식만 전환하면 되는 것을 모른다.

의식적으로 일을 하면 천국이 되고 무의식적으로 일을 하는 척하면 지옥이다. 자신의 일을 하면 즐겁다. 어느 누구의 눈치도 보지 않고 볼 필요도 없다. 일을 하는 척하는 것은 일을 하는 것처럼 보여주어야 하기 때문에 눈치를 봐야 한다. 그리고 인정받아야 하기 때문에 즐겁지가 않다.

삶도 이와 다르지 않다
삶을 살고 있는가?
살고 있는 척하고 있는가?

그대의 삶인데 누구의 눈치를 보고 인정받으려 하고 있다면 즐겁지 않다. 이제 그 어느 누구도 아닌 그대 자신만의 삶을 살아야 한다. 자신이 삶이 되는 그때 진정한 축복을 경험하게 된다.

분노와 섹스

섹스는 마음이 한다.
마음에 들어야 열리기 때문이다.
미움이 생기면 상대방을 배척한다.
섹스를 하고 죄의식을 갖는 관념화된 행위가 아니라,
노래하고 춤추듯이 이완되고 자유롭게 즐겨라.
육체는 본능적이며 마음은 잠자고 있으며 존재만이 깨어 있다
그대의 섹스가 동물적인지, 지능적인지, 영혼적인 교류인지
섹스 행위 전 잠시라도 이것만은 체크하여야 한다.
본능적인지 마음에 의한 것인지 존재 차원인지….

연인들이 싸우고 아직 분노의 에너지가 남아있다면,
그 에너지를 계속 소모해야 하기 때문에
사라질 때까지 싸우는 경우가 있다.
그렇게 남은 분노의 에너지를
섹스를 통해서 푸는 지혜로운 방법도 있다.
그리고 나면 귓속말로 사랑한다는 말을 하고
편안하게 이완된 상태로 잠들 수 있다.
분노와 섹스가 같은 지점에서 만나 승화되기 때문이다.

사람들은 사랑도 돈으로 살 수 있다고 말하고 있다.

그래서 모두들 사랑을 발견하고 키워나가기보단 돈을 버는 것에 모든 에너지를 쓰고 있다. 그렇지만 돈은 사랑이 될 수 없다. 돈으로 뭔가를 가질 수는 있지만, 그렇다고 사랑이 될 수는 없다. 돈으로 섹스는 얻을 수 있지만, 그 속에 사랑은 없다.

이 세상에 섹스를 하는 연령대가 이렇게 많다면 이미 세상은 사랑으로 가득해야 한다. 그렇지만 전쟁과 싸움이 끊이지 않는 이유는 섹스의 횟수만큼 사랑이 확장되지 않고 있다.

수용

삶을 무의식적으로 살고 있다면, 지금 이 순간 불어오는 바람을 의식적으로 느끼는 시간을 가져보라. 비바람이 불어와도 그저 느껴보라. 비바람을 마주하고 느낄 수 있다면 시련과 고통이 와도 회피하지 않고 마주할 수 있다. 그것이 무엇이든 그 속에 풍덩 빠질 수 있을 때 자유로워진다. 수용하라. 그저 수용하라. 수용은 삶의 방향을 전환시킨다.

재산

물질은 훔치거나 뺏을 수 있기에 영원히 내 것이 될 수 없다. 물질은 쌓아두거나 늘려나갈수록 뺏기지 않기 위해서 집착하게 된다. 그 집착에는 고통이 따른다.

훔칠 수도 뺏을 수도 없는 아름다운 재산이 있다. 그것은 의식이다. 누군가의 장례식에서 슬픔을 훔칠 수도 누군가의 성장한 기쁨을 뺏을 수 없는 것처럼, 그것을 훔치고 뺏고자 하는 것들이 카르마이다. 무거운 카르마, 자유로운 의식 그것이 무엇이든 그것만이 그대의 재산이다. 그것을 키워나가느냐 내려놓느냐의 차이만 있을 뿐.

진정한 사랑

사랑해 내 마음 알지? 마음을 내세우기에 진정한 사랑은 아니다. 진리는 무정하고 무심한 무아의 사랑, 그런 사랑을 향해서 나아가고 있다.

기적

여자들이 남자들보다 위대한 예를 들어보자.
다이어트를 위해서 끼니를 굶는 것
아름다움을 위해서 추운 겨울에도 미니스커트를 입는 것
여름에도 가죽 부츠를 신을 수 있는 것
높은 하이힐을 신고 달리기를 할 수 있는 것
남자들은 결코 따라 할 수가 없다.
이렇듯 매일 삶에는 기적 같은 일들이 일어난다.

깨어 있다면

행군하는 군인들은 왼발 오른발 반복하며 걷고 있다. 걷는 발자국에 집중하고 있기에 어쩌면 걷기 명상을 하는 듯하지만, 의식적으로는 깊지 않은 마음 차원이다. 그래서 사격이라고 말하면 적군을 죽일 수 있도록 세뇌가 되어 있다. 그들은 적군이 같은 '나'라는 것을 알아차리지 못한다. 명상이 깊어지면 모두가 나와 다르지 않음을 깨닫게 된다. 군인뿐만이 아니라, 그대 또한 아리스토텔레스가 말한 것처럼 사회적 동물이다. 길이 잘 들여진 동물이고, 아직 인간이 아니라는 뜻이다. 스스로의 의식이 없는 상태, 사회적 관념, 인터넷상에 떠도는 정보를 사실처럼 인식하고 받아들이는 것은 정보를 먹고 사는 동물이라는 뜻이다. 깨어 있다면 어떠한 정보에도 세뇌당하지 않는다.

부딪침

모든 부딪침은 현재 의식이 아닌 과거의 기억을 바탕으로 살고 있기 때문이다.

완전

아름답다 추하다 비교하고 분별하는 마음을 내려놓아라.
추함이 있기에 아름다움이 존재하지만,
본질적으로는 추함도 아름다움도 없다.
자신의 의식이 밖으로 투영되는 것
이것을 아는 자만이 아름답다.
값싼 옷을 입는다고 그대 자신이 저급한 것은 아니다.
고급도 저급도 없으니,
그저 값이 싼 옷을 입은 것뿐이다.
값비싼 옷을 입는다고 그대 자신이 고급이 되는 것은 아니다.
고급도 저급도 없으니,
그저 값이 비싼 옷을 입은 것뿐이다.
외형적인 값이 아닌 내면적으로 살아가야 한다.
모든 것은
이미 있는 그대로 다 완전하다.

영양분

할 수 없다고 하는 사람은 계속 그 말을 반복하면서 할 수 없는 영양분을 흡수한다. 그래서 계속할 수 없는 상황을 만들어 나간다. 행복한 사람은 계속해서 행복하고 불행한 사람은 반복해서 불행하다. 그러한 불행이 오랜 시간 지속되다 보면, 어느 날엔가 내려놓는 순간이 찾아온다. 그리고 이유 없이 행복하다는 것을 깨닫게 된다.

행복의 기준은 무엇이 있어야 행복하고, 무엇이 없어서 불행한 것이 아니다. 행복과 불행은 의식적인 차이에서 생겨나는 감정일 뿐이다. 불행하다는 것은 분리된 의식에서 일어난다. 분리가 아닌 전체적인 의식을 느낄 때, 그 속에는 부족함이 없음을 알고 행복을 느낀다. 이것이 조건 없는 행복이다.

생의 공부

지금 그대가 달려가고 있는 길은
권력인가? 명예인가? 아니면 돈인가?
많이 사용하고 있는 감정은 무엇인가? 분노, 미움, 슬픔, 외로움?

한 과목 한 과목씩 공부하고 졸업하며,
숱한 전생을 반복해오고 있다는 것을 안다면,
이번 생의 공부를 대하는 방식이 달라질 것이다.
내면으로의 여행이 시작되었는가? 영혼인가? 근원인가?
아니면 아직도 에고의 어느 지점인가?

외면

외면은 다른 사람을 못 본 척하는 것이 아니라
나와 멀어지는 것이다.
외면한다는 것은 마음을 쓴다는 것이다.
스스로의 내면, 존재를 모른 척한다는 뜻이다.

희망

"현재가 힘들어도 참고 인내하며 희망을 가지세요."
이렇게 희망을 주제로 강의를 하는 사람을 만난 적 있다.

삶이 힘들어서 희망을 가지고 산다면 더 힘들 것이다. 다가오지 않은 미래를 살기 때문에 지금 이 순간 힘든 건 마찬가지이다. 희망을 갖는 대신 지금을 받아드리고 수용하라. 희망이 더 가까이 다가와 있을 것이다. 희망은 지금을 살지 못하고 내세에 천국을 가기 위해서 돈을 헌금하는 것처럼 어리석다.

과거도 미래도 내려놓고 희망도 내려놓아라.
단 한 번이라도 그냥 사는 즐거움을 경험한다면
삶을 대하는 방식이 달라질 것이다.

동일시

사람들은 몸과 마음을 자신이라고 동일시한다. 그대의 마음엔 기독교의 성경이 들어 있을 뿐 기독교인은 아니다. 단지 기독교의 정보를 동일시하고 있는 것이지, 그대 자체는 아니다. 이러한 진리를 알아차리지 못하면, 그대의 과거 정보가 현재를 지배하게 된다.

그대의 대화는 지금 현재의 대화가 아니라, 과거의 기억을 바탕으로 판단하고 비교하는 것 외에는 없다. 분별하는 그 기억을 비우지 않는 한, 어느 누구와도 대화가 될 수 없을 것이다. 자기가 "누구이다"라고 하는 그대는 그대가 아니다. 오래된 관념일 뿐이다. 명상을 하면 과거의 기억으로 똘똘 뭉친 그대는 허상임을 알게 된다. 허상을 알고 난다면 더 이상의 분별은 일어나지 않는다.

침묵

침묵은 존재의 언어이고,
선명하지만 말을 하는 순간 마음의 언어로 변하여 흐려지게 된다.

영혼은 육체 속에 깃들어 생명을 부여하고 마음을 움직이는 정신적인 근원이다.

파장

영혼이 깨어 있는 자는 얼굴에서 밝은 빛이 난다. 관념이 많을수록 얼굴빛은 어두워진다. 우리 몸의 내부에는 감정의 전선들이 연결되어있다. 그 전선이 영혼과 연결된 사람과 에고와 연결된 사람은 빛이 다를 수밖에 없다. 예를 들어 즐거운 사람의 얼굴빛과 분노한 사람의 얼굴빛을 비교해 보라. 분명한 차이가 있다.

한번 영혼이 깨어난 자는 내면의 불이 켜진다. 집중과 성장의 속도에 따라, 어느 상황에서도 감정에 치우치지 않는다. 밝은 에너지 상태가 유지된다. 자유로워지면서 몸을 감싸고 있는 오라의 밝기가 의식 레벨에 따라, 더 크게 멀리까지 확장된다. 빠른 속도로 변화하고 있는 지금의 시대에는 인터넷이 속도와 결합되면서 그 에너지의 파장은 더 멀리까지 빠르게 퍼져나간다.

만남

10년을 함께 산 연인이 헤어졌다면 사람들은 왜 헤어졌는가를 궁금해하지만, 10년을 사랑한 과정은 보지 못한다. 영혼은 이미 그들이 완전한 사랑을 했고, 헤어짐과 다른 만남을 통해서 더 깊어지는 과정임을 알고 있다.

과정

매우 많은 돈을 가진 부자가 수련을 하러 온 적이 있다. 몸을 둘러 싼 의류와 소지품은 최고의 명품으로 치장하였지만, 왜? 오랫동안 지병이 낫지 않았을까? 그동안 여러 곳을 다녀봤지만, 치유가 되지 않아 의심의 눈초리로 수련비 계산을 많이 갈등하는 모습이 보였다. 몸이 아픈 것은 나를 알기 위한 영혼의 메시지이지만, 그가 영혼을 알기 위해 의심과 두려움을 내려놓기에는 시간이 걸릴 수밖에 없다. 영혼은 그러한 과정을 통해서 깨닫게 된다.

약속

나뭇잎과 바람이 만나서 움직이는 것을 바라본 적이 있는가? 눈에는 보이지 않는 바람과 눈에 보이는 나뭇잎이 만난다. 사람의 보이는 육체와 보이지 않는 사랑이 만났을 때의 그 느낌과 다르지 않다. 사람이 사랑을 하면 쉽게 알 수 있는 자연스러운 움직임이 감지된다. 사랑은 보이진 않지만, 눈에 띄는 변화를 일으킨다.

"사랑합니다?"
"날 사랑한다고, 왜요?"

사랑은 조건이 필요하지 않다. 영혼의 약속이기에 바람을 느끼는 것처럼 자연스런 과정이다.

불멸

영혼은 영원히 죽지 않는다고 한다. 그런데 왜 죽음 이후 천국과 지옥을 두려워해야 할까? 죽지 않는다는 것은 불멸이기에 불기둥 속에 있어도 죽지 않는다. 죽어도 죽지 않는데 무엇이 두려운가?

피자 한 조각

채우고 추구하고 이루기 위한 것은 마음 작용이다. 그것을 내려놓았을 때 영혼을 만나게 된다. 영화 '소울'에서 조가 이루기 위한 욕심을 내려놓을 때, 피자 한 조각의 행복을 발견하게 되는 것처럼.

빙의

분노가 폭발한 사람을 보고 '저놈 제 정신이 아니다'라고 말한다. 감정조절을 하지 못할 때 흔히 쓰는 말이다. 그의 의식 상태이기도 하고 빙의이기도 하다. 몸은 집과 같은 의미이다. 주인이 깨어 있지 않으면 지나가는 다른 영혼이 들어오기도 한다. 주인 의식 상태에 따라서 오래도록 머물기도 하고 들락날락하기도 한다.

전생

전생을 알고 싶고 변화하고 싶다면 지금 만나고 있는 사람들과의 관계를 풀어나가다 보면 알 수 있다. 대부분 전생에 만났던 사람들이지만,

풀지 못한 숙제 때문에 다시 만나고 있다. 지금 무슨 연유로 그와 만나고 부딪치는지 주의 깊에 느껴보라.

중성

육체적으로 양극인 여성과 남성은 서로에 대한 갈망과 집착으로 소유하려고 한다. 영혼이 반복적으로 여성과 남성으로 태어나는 것은 중성으로 향하는 과정이다.

지켜보는 자

가끔 잠들어서 자신이 코 고는 소리를 듣게 된다.
그때, 내가 코를 고는 것이 아니라
자세히 관찰해 보면,
몸이 코를 골고 있다는 것을 알게 된다.

내가 깨어 있지 않고 잠들어 있다면,
코를 고는 것을 알 수 없다.
코고는 소리를 듣고 알아차리는 그가 바로 나이다.
나는 몸이 아니다. 코를 고는 몸을 지켜본 것이다.
그 지켜보는 자가 나이다,
그런 현상을 지켜볼 수 있을 때 깨어 있는 자라고 한다.

사랑이라면

지금 그대에게 필요한 것은 무엇인가?
그것이 사랑이라면 많이 집착하고 미워하며
가슴이 아픈 과정을 지나가고 있을 것이다.

정보

영혼, 사실 영혼이라는 단어를 쓰는 것 자체가 의미 없다. 존재, 그 자체는 영혼이라는 이름과 상관없이 이미 존재하고 있기 때문이다. 영혼이라는 것은 그저 존재를 표현하기 위한 하나의 정보일 뿐이다.

상관없다

귀머거리는 육체적인 귀로 소리가 안 들릴 뿐이지, 영혼은 상관이 없다. 벙어리도 말을 할 수 없을 뿐, 영혼 그 자체에 문제가 있는 것은 아니다.

세 가지 눈물

몸이 아플 때 흘리는 눈물, 마음이 아플 때 흘리는 눈물, 이유 없이 흐르는 눈물, 몸이 아플 때 흘리는 눈물은 통증을 잊기 위한 눈물이고, 마음이 아플 때 흘리는 눈물은 감정을 정화하는 눈물이며, 이유 없이 흐르는 눈물은 영혼이 깨어나는 눈물이다.

직관

어떤 사물을 바라보고 자신이 알고 있는 정보를 바탕으로 판단하게 되면, 그것을 관념이라고 한다. 영혼의 눈으로 관념 없이 그저 있는 그대로 바라보는 것이 직관이다. 그대의 삶은 관념적인가, 직관적인가?

내 주변에 얼쩡거리지 마라

밖이 시끄럽게 느껴진다면 내면의 중심에서 멀어진 것이다. 내면 깊숙이 들어간 자는 밖의 시끄러움에 반응하지 않는다.

벗어난다

우리가 살아가는 모든 인간관계는 지배하거나 지배당하는 것으로 연결되어 있다. 그대 스스로 본질을 알고 나면, 지배하거나 지배받는 것에서 완전히 벗어난다.

파장

부모가 아이에게 사랑을 나눠주는 모습을 바라보면 사랑이 느껴진다. 부모 그 자체는 사랑이 아니다. 영혼에서 흘러나오는 근원적인 사랑이어야 한다. 그 사람의 언어나 행동이 아닌 파장에 따라 미움과 사랑이 감지되는 것이다

히히

"어! 제가 실수를 했네요."
"히히 괜찮아요."
이런 세상이 오고 있다.
서로의 실수를 즐겁게 받아들이는 그런 세상이….

영적 알람

알람이 울리기 바로 전 생생하게 맑은 상태로 잠을 깬 적이 있는가? 한 번쯤 경험해 보았을 테지만, 대수롭지 않게 넘겼을 수도 있을 것이다. 잠에서 육체를 눈뜨게 하고 일어나게 하는 것, 이것이 근원적인 나이며 영적 알람이다. 그렇다고 잠을 이룰 수 없을 정도로 예민한 상태를 깨어 있다고 말하는 것은 아니다. 이러한 경우는 이완되지 않고 긴장되어 있기 때문에 마음의 상태이다. 피로를 풀고 에너지를 충전하기 위해서는 마음을 내려놓는 연습을 해야 한다.

잠을 깨고 눈을 떴다고 해서 누구나 다 깨어 있는 것은 아니다. 대부분의 사람들은 의식을 가리고 있는 습관적인 마음이 행동을 지배하고 있기에 여전히 잠들어 있다. 몸을 가지고 빠르게도 움직여 보고 느리게도 움직여 보라. 몸의 움직임을 바라보는 연습을 하다 보면 감정도 이와 같이 왔다 갔다 하는 것을 깨닫게 될 것이다. 그리고 이제 지켜보면서 감정을 조절할 수 있게 된다. 감정의 지배를 벗어나 조절할 수 있을 때 깨어 있는 자라고 한다.

병문안

피해의식이 많은 환자에게는 병문안을 가지 않는 게 좋다.
힘들어하지 말라고 찾아갔지만,
멀쩡히 걸어 다니는 그대를 보면,
걷지 못하는 자신에 대한 괴로움이 일어난다.
그래서 그대가 돌아가고 나면 더 큰 고통이 남는다.
그대가 오지 않으면 괘씸하게 생각하겠지만,
그대가 찾아오더라도 반가워 웃고는 있지만,
괴로움이 생기는 것은 어쩔 수 없다.
그 누구도 찾아오지 않는 시간을 홀로 지내면서
나는 누구일까? 왜 사는 것일까? 아픈 이 육체는 무엇인가? 등

가장 먼저 자신과 대화할 수 있는 시간을 만들어주어야 한다.
그 시간을 보내고 나면 가족의 소중함, 삶에 대한 감사함을 알게 된다.
감사함이 내 안에서 일어난다면 치유는 저절로 된다.
병문안은 의식이 깨어 있는 사람에게도 가지 않는 게 낫다.
그는 누구라도 오지 않는 것을 더 바라고 있을 것이다.
지금 그는 일하고 난 뒤의 평화로운 휴식을 즐기고 있는 중이다.
그러니 방해하지 않는 것이 좋다.
병문안 갈 시간에 홀로 명상 시간을 가질 수 있다면
그대에게도 좋다. 다 좋다.

돌아가셨습니다

죽음이란 죽음을 두려워하는 자에게만 찾아온다. 죽음이 어느 곳에 있는지 알 필요는 없다. 죽음은 마음이 만들어 낸 환상일 뿐이다. 어디로 가든 그곳은 원래의 자리이다. 생명은 육체에만 있으며 영혼은 영생한다. 숨을 쉬지 않으면 몸은 죽고 영혼은 원래대로 돌아간다. 그래서 육체가 호흡을 멈추면 생명이 멈추었다고 한다. 동시에 영혼은 원래대로 '돌아가셨습니다' 라고 한다. 궁극적으로는 영혼이 몸을 벗어나는 것이 먼저이고, 그 다음에 육체는 죽는다.

노자는 부인이 죽었을 때 장구를 치며 덩실덩실 춤을 추었다. 비로소 아픈 몸을 벗어나 자유로운 영혼이 되었기에 이렇게 기쁜 날 어찌 슬퍼할 수 있겠냐고 했다. 아름다운 말이다. 원래 왔던 그곳으로 돌아갔기에 어떠한 슬픔도 있을 수 없다. 돌아간 영혼은 휴식을 취하며 다음 생을 준비한다. 그것을 아는 자에게 죽음이란 그저 휴식이고 또 다른 시작일 뿐이다.

미루지 말라

몸이 힘들고 마음이 힘들어서 더 이상 어디에도 갈 수 없을 때,
그때가 되면 그대 안의 영혼을 만나야 할 때이다.
더 이상 다음으로 미루지 말라.

몸 마음 영혼

깨어 있는 부모라면 아이가 태어나서 육체적인 이름을 지어줄 때, 네 영혼의 이름은 '늑대와 춤을'이다. 너의 육체와 마음을 움직이는 주체이며 불멸이다. 육체는 수명을 다하면 죽고 사라지지만, 영혼은 다음 공부를 위해 휴식을 갖는다. 등등 늦어도 유치원 가기 이전에 최소한 영혼에

대한 정리는 해 주어야 한다.

 사회와 종교는 아이를 지배하기 위해서 수많은 정보로 세뇌시킬 것이다. 마음은 무지하기에 영혼을 모르면 쉽게 세뇌된다. 돈이 많은 집안, 권력을 가진 부모를 닮도록 하는 것이 아닌 자기 자신을 알아가도록 안내해 주어야 한다. 아이가 성장하면서 진리를 찾을 수 있도록 몸에 매이지 않고, 속고 속이는 마음의 진실을 쉽게 통과할 수 있도록 안내해 주어야 한다.

영혼의 옷

 영혼은 빛으로 된 옷을 입고 이곳에 왔으며, 돌아갈 때는 그 옷의 색깔을 바꿔서 돌아가는 것이 성장이다. 더 많은 돈을 가지거나 명예를 드높이는 것이 아니라 깨닫고 성장해야 한다. 지난 생에 내려놓지 못한 자만심과 욕심을 내려놓기 위해서 지구에 온 것이다. 그것을 원죄와 카르마라고 한다. 이제 훌훌 내려놓고 성장한 빛깔의 옷으로 갈아입고 돌아가자.

몸집

그대 자체가 교회이고 절이다. 왜 그대 안에서 기도하지 않고 밖에서 찾고 있는가? 그대의 육체를 몸집이라고 하는 것은 집의 부피나 크기를 말한다. 집안에 누군가 살고 있다는 뜻이다. 그렇다고 몸집이 크다고 거주하는 영혼이 큰 것은 아니다. 트럭 운전사가 몸집이 작을 수도 있고 티코 운전수가 몸집이 클 수도 있다.

영혼의 소리

생각하고 비교하고 분별하는 건 마음의 소리이고,
영혼의 소리는 그저 가만히 있을 때 저절로 떠오른다.

소유

영화 '삼촌의 아내를 사랑하다'를 본 적이 있다. 삼촌이 자신의 아내와 조카가 서로 사랑하는 것을 알고 두 사람의 손목을 쇠사슬로 묶어서 두 사람의 사이를 인정하고 허락해 준다.

처음에는 너무나 좋아하고 함께 산에도 가고 독서도 하며 사랑에 푹 빠진다. 단 한 순간의 헤어짐도 없다. 하지만 숨어서 가끔씩 만나던 신선함이 사라지고, 서로의 단점이 보이기 시작한다. 손으로 연결된 쇠사슬을 사이에 두고 화장실을 사용하거나 가고자 하는 방향이 다르거나 부딪치면서 서로를 귀찮아하고 미워하면서 증오하게 된다. 결국엔 이렇게 된 것도 그 놈의 사랑 때문이라고 서로의 좋았던 기억만 추억하며 죽으려고 한다.

섹스로 두 육체가 하나로 되는 것은 쉽다. 그러나 사랑이 그 속에 없다면 그것은 사랑이 될 수 없다. 사랑은 육체를 지나 영혼과 연결되어 있어야 한다. 욕망적인 사랑은 섹스를 바탕에 두고 그 위에 만들어진다. 모래성과 같다.

그대가 아름다운 여인을 소유하고 집착하고 있다면, 곧 그대도 그녀의 소유물이 된 것이다. 그녀가 누구를 만나고 무슨 행동과 말을 하는지 궁금하게 된다. 결국엔 회사를 가도 그녀가 무엇을 하고 있는지 궁금해서 일이 손에 잡히지 않는다. 아름다운 여인이 그대의 소유물이 되듯, 그대 또한 그녀에게서 벗어나지 못하고 있으니 그녀의 소유물이 되었다.

사랑이라면

섹스가 사랑이라면, 섹스를 하는 동물들도 똑같은 사랑을 하고 있다. 누가 더 우월하고 열등한가?

춤

내가 누구인지 모르는 것 이것이 깨달음의 시작이다.
아무 생각을 하지 말고 그대가 누구인지 춤추듯 표현해 보라.
영혼을 모르고 사는 우리 모두는 인위적이고 가식적이다.
영혼을 모르면 세상의 틀에 맞춰진 형식적인 춤이다.
복잡한 생각이 육체를 지배하지 않도록 춤을 춰보자.
육체의 감각이 깨어나도록 춤을 춰보자.
날개를 달고 비상하는 그대 영혼의 아름다움을 느낄 수 있을 때까지
그 순간 아름다운 각성이 일어난다.
그리고 움직이고 있는 몸을 바라보는 영혼을 자각하게 된다.
그때 알 수 없는 미지의 세계로 가는 신비로운 문이 열린다.
이제 그의 삶은 두려움이 사라지고 설렘으로만 가득하다.

영혼의 미소

A와 B가 서로 "너 때문에 이렇게 됐어" 라며 다투고 있다. C와 D도 "너 때문에 이렇게 됐어"라고 서로의 탓을 한다. 어느 누구도 자신의 탓이라고 하는 사람이 없다. 이것이 꿈꾸는 자들의 특징이다. 이러한 반복적인 남 탓은 아집이라는 껍질을 깨고 새롭게 태어나기 위한 과정이다.

불행의 시작은 과거도 미래도 아닌, 전생도 다음생도 아닌, 오직 지금 이 순간 그대에게서 시작된다. 과거의 기억에서 벗어날 수 있는 것도 지금이고, 미래를 변화시킬 수 있는 것도 지금이다. 규칙이 바뀌고 회사를 옮겨도 그대는 똑같이 다른 사람 탓을 할 것이기 때문이다. 그것은 자신을 속이는 것이기에 스스로를 괴롭히는 것이다. 에고만 더 커질 뿐이다. 습관적인 남 탓은 변하지 않고 달라지지 않은 그대의 책임이다.

그대의 핑계되는 에고가 죽는 날 잔잔한 영혼의 미소가 흘러나올 것이다. 그대가 명상을 한다면, 영혼의 미소를 먼저 경험하고 에고는 자연스럽게 사라진다.

지금 두렵다면

영혼을 모르는 사람이 질문을 했다
"죽고 나면 육체는 어디로 가나요?"
"흔적도 없이 사라진다."
"그렇다면 하늘나라로 가는 것은 무엇입니까?"
"영혼이다."
"왜 부모님은 영혼에 대한 이야기를 해주지 않는 건가요?"
"그들도 들은 적이 없다. 듣고 자란 것은 공부해라. 돈 많이 벌어라 뿐."

그대가 돈을 많이 벌었어도 지금이 두렵다면 영혼을 알지 못하기 때문이다. 영혼을 알고 있는데도 두렵다면, 그것은 영혼을 지식적으로만 알고 있기 때문이다.

부디 다른 사람에게 인정받기 위해서 시간 낭비하지 말라.
다른 사람들은 나에게 관심이 없다.
그대 자신에게만 집중하라.
영혼을 알고 싶다면 지금 명상을 시작하라.

유체 이탈

오래 전 바다가 좋아 안면도에서 1년 이상을 살았던 적이 있다. 차를 몰고 달리다가 언덕 아래로 굴러떨어지는 사고를 경험했다. 그때 지금까지의 삶이 영화의 스크린처럼 스쳐지나는 것을 보았다. 핸들을 잡고 차가 네 바퀴를 구르는 숫자까지 셀 수 있을 정도로 의식적인 명료함을 경험했다. 그 모든 상황을 지켜볼 수 있었던 것은 몸이나 마음이 아닌 영혼에서였다. 육체를 벗어난 영혼의 깨달음이었다. 그리고 서울로 올라와서 명상을 접하게 되었다.

사랑해요

사랑해요. 그대 함께 해줘서 고마워요.
사랑과 미움이 반복되는 세월이었지만,
그대로 인해 감사함을 알게 되었어요.
부족했던 나를 이해해주세요.
이제는 알아요. 당신의 사랑을
내 가슴으로 느낄 수 있어요.
당신의 영혼을
사랑해요.

아름다운 이별

우리 이제 헤어지는 건가요? 이제 끝인가요?
아니, 이제 시작이야. 다음에 또 만나게 될 거야.
또 다른 모습으로.

운전자

마음과 영혼 중 무엇이 몸을 운전하고 있는가?
무의식 상태라면 기억된 습관이 하고
의식적이라면 직관적으로 움직이고 있을 것이다.
직관을 경험하고 싶다면 위급한 상황을 마주했을 때 알 수 있다.
그래서 삶의 변화와 성장은 위급할 때 일어난다.

아바타

명상이 깊어지면 영혼이 몸 안에 있는 것이 아니라,
영혼 안에 몸이 있다는 것을 알게 된다.

점검

여자라면 치가 떨린다는 남자를 본 적이 있다. 그렇다면 세상 모든 여자의 문제인가? 그렇지 않다. 그러면서도 그 남자는 여자를 반복해서 만나고 집착하는 것을 봤다. 남자이거나 여자이거나 누구를 높이고 낮추려는 성별의 문제가 아니다. 지금 바로 그대 내면의 문을 열고 의식적인 점검이 필요하다. 모든 이들의 가슴 속에 있는 영혼을 만나야 한다. 그때 비로소 성별의 굴레에서 벗어날 수 있다. 영혼은 중성이다.

영혼의 세계로

태어나면서부터 부모들과 미성숙한 어른들은 관념적인 여성과 남성으로 살아가게끔 주입을 시킨다. 여자가 남성이 되지 않도록 남자가 여성이 되지 않도록 그래서 초등학생이 되고, 남자 아이가 여자 아이들과 어울리게 되면, 부끄러움을 갖도록 수치심을 느끼게 만든다. 그래서 같은 사람으로 살 수 없도록 남성, 여성으로 분리되어 성이 어둠 속에서 변질되어간다.

나이가 들면 여자는 남성이 되어가고 남자는 여성이 되어간다. 여성은 여성스런 에너지를 쓰다가 폐경기가 지나면서 억눌렸던 남성 호르몬이 나오면서 남자처럼 되어간다. 지하철이나 버스 안에서 아줌마들이 빈자리를 차지하는 비중이 높은 이유가 여기에서 나온다. 반면 남자들은 남성스런 에너지를 가족을 먹여 살리기 위한 과정을 지나면서 남성의 에너지는 다 사라진다. 그리고 잠재되어 있던 여성 호르몬을 사용하게 된다.

나이를 더 먹을수록 강한 에너지에서 약한 에너지로 바뀌면서 버려지는 것에 대한 두려움이 생기는 것이다. 그래서 할아버지는 할머니와 떠난 여행지에서 길을 잃지 않도록 각별히 조심해야 한다. 무엇보다도 죽음에 가까워질수록 본질적으로 상대를 더 이해하게 되면서 원래의 중성으로 되어 간다. 중성이 된다는 것은 관념으로 길들여지지 않는 순수한 의식으로 되어 가고 있다는 뜻이다.

이 시기에 해묵은 욕심과 감정들을 내려놓을 수만 있다면, 아이와 같은 자만이 천국에 갈 수 있는 것처럼 삶을 천국처럼 살 수 있다. 육체를 완전히 벗어버리게 되는 날 본래 왔던 그대로 영혼의 세계로 돌아가게 된다.

중성

영혼에는 육체적으로 드러나는 남성 여성이라는 성이 없다. 그래서 깨달으면 육체적 사랑을 넘어 성별 구분 없이 있는 그대로 사랑할 수 있게 된다. 겉모습과 달리 그 과정에 꼭 필요한 공부라면 남자가 여자처럼 여자가 남자처럼 살 수도 있다. 겉모습이 여자이거나 남자인 것은 별로 중요하지 않다. 게이, 레즈비언, 성전환자 등등 중요한 건 겉모습이 아니다.

그들 모두가 영혼을 가진 사람일 뿐이다. 종교인이건 비 종교인이건 중요한 건 그들의 존재 자체인 영혼으로 볼 수 있어야 한다. 종교에서 동성의 사랑을 반대하는 건 겉모습만 보는 무지함 때문이다. 남자든 여자든 그 자체로 이미 신의 아들이고 딸이다. 겉으로 들어나는 형상과 상관없고, 어떤 교리와도 상관없이 우리 모두는 하나이다.

전쟁

기독교인에게서 이 세상은 영적인 전쟁이라고 하는 것을 들었다. 영혼들은 전쟁을 하지 않는다. 오직 마음만이 전쟁을 일으킨다. 그리스도가 말한 전쟁은 다른 사람, 다른 나라와의 전쟁을 말하는 것이 아니다. 깨달음과 성장을 위한 각 개인의 내면에서 일어나는 갈등과 부딪침을 뜻한다. 스승은 내면의 전쟁을 주기 위해서 왔다.

승리를 통해 자만심을 내려놓아야 한다. 지는 것을 통해 피해의식을 내려놓는 깨달음의 과정이다.

사랑은

그대의 사랑은 영혼의 호흡이다.

4학년

의식은 마음을 벗어나 깨어 있는 상태로 무의식을 인식하고 지켜봄

세 가지 질문

소크라테스는 말하기 전에 3가지 질문을 하게 했다.

첫 번째 진실의 여과이다. 하고 싶은 말이 무엇이든 직접 보거나 목격한 것인가요?

두 번째 선함의 필터이다. 진실로 좋은 발언인가요?

세 번째 유틸리티의 필터이다. 당신의 진실이 유용할까요?

명상 캠프

청소년 명상 캠프에서 처음 명상을 접한 그들은 가만히 있지 못한다. 몸을 뒤척이고 지루해하면서 반항심을 표현한다. 청소년 시기에는 아직 영혼의 기억이 살아 있기에 지배와 구속보다는 자유를 원한다. 어린 시절에는 부모와 선생으로부터 힘에 의한 지배를 받지만, 사춘기가 되어 육체적으로 성장하면 힘의 지배에서 벗어나 대등해지거나 우월해진다. 그래서 더 이상 구속받거나 명령받고 싶어하지 않는다.

나이든 고지식한 인간들에게는 무엇이 느껴지는가? 할 말도 못하고 사회적인 규율에 지배를 받으면서 안주하고 있다. 성장하지 못한 영혼의 특징으로 두려움만 가득하다. 그들에게 자세를 바로잡지 않고 자유롭게 움직여도 된다고 말했다. 명상은 몸의 자세가 중요한 것이 아니기 때문이다. 절대적 이완 속에서만이 명상을 경험할 수 있다. 고정된 몸을 자연스럽게 움직이면서 감각이 열리도록 해야 한다. 반항심 가득한 마음이 이완된다. 명상이 깊어지고 근원에 도달하면, 다음부터는 움직이지 않아도 된다. 아니 저절로 멈춘다. 이제부터는 더 이상 명상 안내를 위한 네비게이션은 필요하지 않게 된다. 내면으로의 길을 경험하고 나면, 다음부터는 안내자의 멘트 없이 파장만으로도 깊어질 수 있다.

이제 눈만 감으면 그 길에 들어서고 설렘으로 가득하다. 처음 지루함 속에서 시작된 그들은 자유로운 자세로 명상을 경험한다. 그리고 달라진다. 더 이상 학습된 스트레스를 벗어나 현존하는 즐거움을 깨닫는다. 있는 그대로의 그들을 존중해 준다면 있는 그대로의 삶을 영위하게 된다.

그들보다 더 어린 나이에 명상을 경험한다면 더욱 축복이다. 삶은 고통이 아닌 축복이고 낙원이 되어야 한다.

명상은 자유를 준다. 외부의 조건이나 환경이 아닌 과거의 기억과 고통에서 벗어난다. 육체적으로 어디든 이동하는 행위적인 자유가 아닌 스스로의 감정에서 벗어나는 무위의 자유를 선물한다. 그 선물은 조건적인 마음의 기쁨이 아니라 근원적인 변형을 의미한다.

권력

정치인들은 진보와 보수로 나뉘어 서로를 헐뜯고 있다. 어느 한쪽에 치우치게 되면 반대쪽은 적이 되는 것이다. 국민들이 어느 한쪽에도 손을 들어주지 않고 가운데 머물러 있다면, 그들은 서로 헐뜯는 것을 쉽게 포기해 버릴 것이다. 오른손잡이인지 왼손잡이인지는 중요하지 않다. 국민들이 단합하여 가운데 머물러야 한다.

무모한 권력의 힘을 견제할 수 있는 것은 종교인들의 깨어 있는 의식이다. 안타깝게도 현재의 종교와 정치는 서로 나란히 손을 맞잡고 있다. 종교 정치가 되고 정치 종교가 되었다. 선거철이 되면 종교가 권력이 되고, 선거가 끝나면 정치가 권력을 잡는다. 서로 사이 좋게 주거니 받거니 지배자로서의 특권을 누리고 있다. 하지만 그들의 내부에서조차 그리스도와 부처가 있다. 그 앎은 진리이니 곧 깨닫게 된다.

본질적인 자각

'사랑을 꾸며서 말하려 하지 말고 나는 그대를 집착합니다.'라고 말해 보라. 솔직해지는 순간 사랑에 대한 본질적인 자각이 일어날 것이다. 숨기지 않는 드러냄이야말로 감춰진 보석을 발견할 수 있는 지름길이다.

잠재된 에고

에고는 철저하게 관계적이다. 관념적이며 지배적이다.
착한 사람들은 부드러워 보이지만
사회와 가족의 억압 속에 분노와 두려움을 누르고 있다.
드러나는 에고와는 달리 잠재된 에고의 공격성이 자라고 있다.
평소 내 안에는 무엇이 잠재되어 있는지 체크해 보자.

사랑은 대상에 있지 않다

리탐빌 회원 중 로움리트릿을 다녀온 회원들의 인사는 '사랑합니다.' 이다. 물론 기본적으로 허그를 한다. 사랑은 대상에 있지 않고 내 안에 있음을 알기에 내 안에 있는 것을 그에게 나누면서 인사한다. 만일, 오랜 세월 분노를 쌓아온 사람이라면, 대상과 상관없이 언제든 분노를 표현할 수가 있다.

대상의 문제가 아니다. 사랑도 분노도 개인적인 습관이다. 감정적인 표현은 환경, 조건, 대상이 아닌 각 개인의 의식에 따른 표현이다. 사랑을 대상에서 찾을 때 소유욕이 일어나고 구속한다. 사랑이 내 안에 있을 때 소유욕은 사라지고 자유가 된다.

반드시

행복해지고 싶은 열망이 불행을 만든다.
행복하다는 것을 어떻게 알 수 있는가.

불행을 반드시 지나야 한다.
불행과 비교를 통해서만이 행복을 알 수 있다.
이러이러한 행복을 원하지 않는다면, 이러이러한 불행도 오지 않는다.
행복의 조건을 버리고 그냥 살아보면 안다.
그때 집에 도착한 듯 편안해질 것이다.
이것이 내려놓기이다.
이제 더 이상 무겁게 살지 않아도 된다.
이미 충분하다.

아픔과 고통

　사랑이라는 이름으로 연인을 소유하기 위해서 억압해서는 안 된다. 그 순간 지배자가 된다. 그렇게 지배하는 순간 지배당할 것이며, 소유하는 순간 소유당할 것이다. 지배란 힘으로 억압하는 것만이 아닌 감정적으로 힘들어하는 것도 이미 지배당하고 있는 것이다. 그래서 지금 일어나고 있는 소유, 집착, 지배에서 오는 아픔과 고통은 상대방이 아닌 내가 만들고 있다. 사랑이라는 이름으로 소유하고 지배하는 것은 자유를 가로막는 것이다. 그리고 나의 자유도 그와 함께 연결되어 있다.

보스

국회의원들이 밤을 세워가며 국민을 위한 회의를 한다는 뉴스를 본 적이 있다. 자세히 들여다보면 자신들이 속한 당과 자신의 안위를 위해서 하고 있다. 그들은 선거 때처럼 지역 분쟁을 일삼고 거짓말을 하며, 국민들 서로가 적이 되도록 조작하고 있기 때문이다. 자신들에게 눈이 쏠리지 않도록 하기 위해서다. 리더와 보스는 다르다. 리더는 앞장서서 일하고 책임을 진다. 보스는 뒤에서 지시하고 책임은 아랫사람이 지도록 한다. 내적 성숙에 대한 책임은 스스로에게 있음을 자각해야 한다.

종교 지도자들 또한 신에 대한 이야기를 내세울 뿐 자신의 경험과 깨달음은 미천하여 달리 나눌 방법이 없다. 그래서 계속 경전의 말씀을 전할 뿐이다. 국민과 신도들 스스로가 깨어나지 않는다면, 계속해서 이들의 지배를 받게 될 것이다.

망설이지 마라

살아온 길을 뒤돌아보면 실패란 없다.
누군가 잘못되었다고 말을 해왔을 때조차 잘못된 게 없다.

당연히 부족하다고 느낄 수도 후회도 없다.
실패란 각 개인의 의식상태에서 나오는 단어이다.
모든 일은 다 스스로 결정하고 진행한 것이다.
누구의 추천이었든 제안이든 선택하고 결정하는 건 자신이다.
실패를 통해 성공하고 성공을 통해 실패한다.
그래서 성공하기 위해서는 반드시 실패해야 한다.
그렇지만 그 실패는 성공을 위한 씨앗이다.
모든 건 경험의 연속이다.
성공은 결과가 아니라 또 다른 실패를 품고 있다.
실패 또한 결과가 아니라 성공의 과정이다.
그러니 주저하거나 망설일 이유가 없다.
그냥 하라.

시간 문제

깨어 있지 않으면 몸과 마음, 기억과 주변 상황들을 동일시하면서 환상 속에서 살아간다. 그 환상을 벗어나지 못하니 미칠 수밖에 없다. 사회 속에서 살아가는 모든 사람이 다 그렇다. 완전히 미쳤거나 조금 덜 미쳤을 뿐이다. 간혹 멀쩡해 보이는 사람도 미치는 건 시간문제이다.

권력에 미쳤고 명예에 미쳤고 재물에 미쳤고 외모에 미쳤고 경쟁에 미쳤고 복수에 미쳤고 종교에 미쳤고 관계에 미쳐있다.

4차원

관계 속에서 나의 생각이 옳다. 틀리다 비교하고 분별이 일어나는 것은 마음 작용이다. 반응하지 말라. 자신의 의식 수준만큼 반응하고 있기 때문이다. 눈을 감고 에너지가 내면으로 흐르도록 하라. 4차원의 문이 열리고 잠들어 있던 존재가 깨어난다. 잠이 든 적도 없었기에 발견하게 된다. 마음이 사라지면서 다른 차원을 잠시라도 경험하게 되면, 새로운 눈으로 보고 듣고 말할 수 있게 된다.

세 가지 소리

마음의 소리 에고
주변의 소리 관계
내면의 소리 존재

몽유병

꿈을 이루고 싶고 바라는 것
꿈꾸는 자이다.
자각이 일어나면 되고 싶고 바라는 것이 사라진다.
그래서 꿈에서 깨어난다.
되고 싶은 것이 허상인데 무엇이 되고 싶은가?
바라는 모든 것이 허상인데 무엇을 바라는가?
이루고 바라고 싶은 사회는 몽유병 환자들이
집단적으로 꿈을 꾸고 있는 곳이다.
욕망은 꿈꾸는 것이며 이루기 위한 기대로 가득 차 있다.
그대가 원하던 만큼의 돈을 벌고
그대가 원하던 아름다운 여인과 결혼을 하고 나면,
이제는 무엇을 꿈꿀 것인가?
꿈을 꿀 때는 잊고 있지만 이루고 나면 허망한 현실을 마주하게 된다.
꿈은 미래에 있기에 현재를 살지 못한다.
그러니 더 이상 미래를 꿈꾸지 말고, 그냥 현재를 살아야 한다.

그대는 왜 걸어온 길을 습관적으로 뒤돌아보는가?
몇 발자국 왔으며 어디를 들렀다가 왔는지를 알려고 하는가?

오래된 과거가 왜 힘들었는지 되새기다 보면 앞을 보지 못하고
습관적으로 돌뿌리에 걸려 넘어지게 된다.
그래서 그대는 의식이 회복되지 않은 몽유병 환자이다.
지나온 과거를 되돌아보는 에너지를 아끼고 지금 현재를 살아야 한다.

정답에서

야채만 먹는다는 스님에게
관념이 두껍다고 했다.
음식 때문이라면 다른 무엇도 할 수 없다.
골고루 먹어야 할 수행자의 편식이다.
좋고 싫음도 받아드리고 피할 것도 없다.
풀만 먹는다고 고상하지 않다.
풀만 먹는 소와 염소는 깨달은 것인가?
의식은 음식과 무관하다.
풀도 고기도 다 허상이다.
거슬러 올라가지 말고
정답에서 깨달음에서 시작하라.
그리고 천천히 내려오면서 즐겨라!

욕 명상

리탐빌 아나타 명상과정 중에 욕 명상이 있다.

대부분의 사람들이 욕에 걸려 있다.

아름답지 못하고 추하다고 생각한다.

깨닫고자 하는 사람은

욕에 걸려서는 안 된다.

깨달음은 고상하지 않으며 자유롭다.

욕은 하나의 현상이고 관념이다.

욕을 넘어서지 못하고 깨달을 수는 없다.

욕은 그저 말일 뿐이다.

외국인이라면 그저 소리에 지나지 않는다.

마음을 쓴다면 욕을 넘어서질 못한다.

마음을 초월한 자에게 욕은 그저 시끄러운 소음일 뿐이다.

즐겁게 욕하고 즐겁게 초월하면 된다.

욕을 하고 욕을 들어도 스트레스를 받지 않는다면 깨달았다.

공격의 대상

육체적으로 깊이 잠들어 있는 자의 아침잠을 깨우면 분노한다. 깨웠기 때문이다. 진리의 길을 걷고 있는 자를 깨워주는 것은 안내이지만, 의식적으로 잠들어 있던 자를 깨우면 공격한다. 깨어난 존재의 세계와 잠들어 있던 마음의 세계가 중복되면서 모든 게 무의미하고 낯설다. 예전으로 돌아갈 수 없을 것 같은 두려움 때문에 깨워준 자를 공격하는 것이다. 스승은 모든 사람들의 동경의 대상이면서 공격의 대상이다. 스승의 의식 세계에 도달하기 전까지는 반복해서 공격할 것이다.

내려놓기

전쟁을 겪지 않고 평화를 느낄 수 없다.
불행을 겪지 않고 행복을 느낄 수 없다.
깨달음의 길에도 고통과 고뇌가 필요하다.
고통스러워야 내려놓을 수 있기 때문이다.
내려놓을 때 깨닫는다.

결혼

사랑이 결혼으로 연결될 수는 있다. 그렇지만 결혼이 사랑으로 연결되는 것은 아니다. 무엇보다도 진정으로 사랑한다면 결혼을 할 이유는 없다. 세상의 관습이나 형식보다는 존재 그 자체로 존중하고 사랑하기 때문이다.

깨어 있음

유튜브 채널에서 깨어 있음을 육체적으로 잠자는 시간을 줄이라고 표현하는 것을 본 적이 있다. 깨어 있다는 것은 육체가 눈을 떠있는 시간을 말하는 것이 아니다. 의식적으로 깨어 있으라는 의미이다. 생각이나 감정, 기억, 과거, 미래, 후회하거나 불안해하고 있다면 육체적으로 눈을 뜨고 있어도 깨어 있는 것이 아니라 잠들어있다. 눈을 감고 있어도 생각이나 감정의 영향을 받지 않는다면 깨어 있는 것이다.

깨어 있다는 것은 눈을 감거나 뜨고 있는 행위적인 차원이 아니다. 눈을 감고 있거나 뜨고 있거나 상관없이 일어나는 감정에 영향을 받지 않는다면, 그를 깨어 있는 자, 바라보는 자, 지켜보는 자라고 한다. 의식적인 눈을 뜨고 있어서 누구와도 감정적인 부딪침이 없으니 깨어 있는 자이다. 일어나는 감정에 끌려가지 않고 바라보고 있으니 바라보는 자이고, 지나가는 생각을 지켜보고 있으니 지켜보는 자이다.

깨어 있는 것이 즐겁지 않다고 하는 이를 만난 적이 있다. 그는 육체적인 눈의 깨어 있음으로 피로감을 느끼고 있었다. 그가 '깨어 있음'이라는 언어를 사용하는 것 자체만으로도 아름다운 축복이다. 이쪽과 저쪽을 왔다 갔다 반복하기를 멈추고 싶어 시도를 해 봤다는 뜻이다.

별거

남편과 별거하는 아내를 상담한 적이 있다. 결혼을 하고 함께 살다 보니, 성격이나 생활 습관이 너무 달라서 환상이 깨졌다고 한다. 그래서 서로 다른 공간에서 살고 있다고 한다. 갈등이 해소되고 관계가 회복될 줄 알고 시작한 별거는 남편이 외도를 하면서 배신감으로 변했다.

"어떻게 이런 일이 나한테 일어날 수 있나요?"
"일어날 수 있어요!"
결혼을 해도 예외 없이 사랑하는 사람을 만나면 외도할 수 있다.

"정신과에서는 이렇게 말하지 않는데 어떻게 이런 상담을 해주는 건가요?"

"어떤 상담을 기대하셨나요?"

"내 마음을 가라앉히고 싶어서요."

"위로나 위안을 받고 싶어서 오셨다면 해결되지 않을 거에요."

남편의 외도는 배신감이 되었고 지금까지 살아왔던 게 별거 아닌 것 같다고, 그래서 이혼을 생각하고 있다고 한다. 원래 결혼이 별거 아니다. 그래서 이혼을 하면 된다. 주변 사람들이 나를 어떻게 볼까 두렵고 아이 때문에 염려된다고 한다.

주변 사람들은 신경 쓰지 않아도 된다고 했다. 그 괴로움의 원인은 주변 상황 때문이 아니다. 첫 번째는 성장하지 않은 자신 때문이고, 두 번째는 남편과 헤어지면 된다. 세 번째는 이혼도 성장도 원하지 않는 것이기에 남편이 아닌 다른 누군가를 만나도 이와 같은 일은 반복된다. 육체가 서로 떨어져 지내거나 헤어지고 아니고의 문제가 아니다.

의식적인 차원이다.

'아, 나 때문이구나.'

나를 괴롭히는 것은 나 때문이라는 자각이 일어나야 한다. 그러한 자각이 일어나면 이러한 반복에서 벗어날 수 있다. 이것이 진정한 기쁨이다. 아이에게는 엄마, 아빠가 갈등을 겪고 있는 불편함 속에서 자라는 것보다 아빠가 진정한 사랑을 찾아서 떠날 수 있음을 알려주어야 한다. 서로를 존중하는 엄마, 아빠의 성숙한 모습을 보면서 자라도록 해야 한다.

아이가 자라서 아빠가 부정행위를 했다고 실망하면 어떻게 하냐고? 아빠는 부정행위를 한 것이 아니고. 사랑하는 사람을 만났다고 말해줄 수 있는 엄마가 되어야 한다. 그리고 엄마도 외도한 아빠를 기다리는 것이 아니라. 사랑하는 사람을 만나야 한다.

자라난 아이에게도 사랑할 수 있는 용기를 안내할 수 있어야 한다. 아이에게 엄마의 우울하고 힘든 모습을 보여줄 것인지 사랑하는 사람을 만나 밝고 행복한 파장을 아이에게 나눠줄 것인지를.

그 사람도 바람을 피우면 어떻게 하냐고?

지금 엄마의 이러한 의식이 가까이에 있는 사람을 떠나게 한다. 내 안에 사랑은 없고 조급함과 불안으로 가득하기에 때문이다. 홀로 있는 시간을 가져보라. 그리고 내면으로 들어가라. 외부의 문제가 아님을 발견하게 된다면 그때는 꼭 결혼하거나 이혼을 하지 않고도 행복할 수 있다. 그곳에는 누군가 있어야 하거나 누군가 없어져야만 하는 조건은 없다. 이혼을 하고 싶으면 하고 그리고 다시 좋아서 재혼하고 싶으면 하면 된다. 대상이 아닌 내 안에서 사랑을 발견한다면 사회의 규범이나 눈치 때문에 나를 희생할 일은 없다.

비교

사람들은 자신만의 재능과 장점을 발견하지 못한다. 아니 발견하지 않는다. 상대적으로 비교하고 스스로 가난을 느낀다. 큰 키, 큰 가슴, 고급의 차, 잘생기고, 예쁘다는 것을 보이는 차원에서 결정짓는다. 그렇게 큰 키를 가진 자는 큰 가슴 가진 자를 부러워하고 큰 가슴을 가진 자는 큰 키를 가진 자를 부러워하니 서로서로가 비교하며 끝없이 가난해지고 있다.

아침에 눈 뜨면서 비교하고 저녁에 눈 감으면서 비교하고 그렇게 그렇게 가난해진다. 이런 반복적인 일상에서 벗어나야 한다. 밖을 보는 눈을 멈추고 이제 내 안에서 무슨 일이 일어나고 있는지 언제부터 이런 비교하는 마음이 자리잡고 있었는지 냉정하게 지켜봐야 한다. 지켜보다 보면 비교하는 마음이 자리 잡기 이전에는 불행하지도 가난하지도 않았다는 것을 발견하게 된다. 불행과 가난을 마음이 만든 것이라면 다 환상이다. 마음이 만든 것은 모든 것이 환상이기 때문이다.

그렇다면 모든 것을 그냥 있는 그대로 바라볼 수 있어야 한다. 고통과 가난이라는 것은 만들어진 것이며 실재하지 않는다. 조작된 현상일뿐 그 누구도 고통스럽거나 가난하지 않다. 만일 진정으로 가난이 있다면 보여지는 외부에 있지 않다. 가난하다고 믿고 인정하는 그대 내부의 의식 상태가 밖으로 투영되었을 뿐….

나를 아는 즐거움

나를 아는 즐거움이란 책의 내용 중에 유명인들 과의 스토리를 읽고 왜 이러저러한 부분은 다루지 않느냐고 하는 사람을 만난 적이 있다. 내가 아는 그들을 쓴 것이다. 당신이 그 사람들에 대해 이미 알고 있는 것을 왜 굳이 써달라고 하는가? 자신만의 자극적이고 관념적인 생각을 남에게 강요할 이유는 없다.

빨간 방

데이빗 린치의 「빨간 방」이라는 책을 들고 사람을 만난 적이 있다. 제목을 바라본 그 사람이 대뜸,

"굉장히 야한 책을 보시는군요?" 라고 한다.
"이 책을 보셨나요?"라고 묻자,

보지 않았지만 알 수 있을 것 같다고 한다. 참 놀라운 능력을 가진 관념 대장이다. 빨간 방이라는 제목만 보고 안다고 말한다. 그에게 이 책이 얼마나 야한지 꼭 한번 읽어 보라고 권했다.

성장

서양 의학은 아픈 것을 치료하지만, 명상은 존재를 알게 해준다. 아픈 것은 문제가 될 수 없지만, 존재를 모르는 것은 문제이다. 명상이 질병을 치유하는 것뿐만이 아니라, 존재를 알게 해주고 의식을 성장시켜 줄 것은 분명하다.

평소 생각

그대는 평소 무슨 생각을 많이 하는가? 그대의 생각이 지금의 현실을 만들고 있다.

내 탓이다

그대에게 친구가 좋은 아이템을 가지고 와서 함께 사업을 하자고 제안을 한다. 나와는 맞지 않는 듯하여 거절을 한다. 친구가 다시 찾아와서 다른 제안을 하면서 사업을 함께하길 원한다. 다시 거절했지만, 친구는 또 다른 제안을 하면서 사업을 함께하길 원했다. 듣고 보니 괜찮아서 함께 사업을 진행했지만, 1년 만에 부도가 났다. 그가 친구에게 화를 내면서 네 탓이라고 했다.

그대는 누구 탓이라고 생각이 드는가? 결정을 내린 것은 친구가 아니다. 백 번이고 천 번이고 찾아와도 결정을 내리지 않았으면 된다. 돈을 벌 수 있을 것 같아서 결정을 내렸고, 이제는 친구 탓을 할 수 없다. 그래서 모든 것은 내 탓이라고 깨닫는 과정이다.

안티

단월드 지도자였던 적이 있다. 오래전 퇴사를 했지만, 안티들은 내가 단월드를 다닌 것만으로도 따라다니면서 왜곡하고 비방하고 있다. 왜 그러는지 모르겠다. 어느 날 심하게 그러는 자들을 만난 적이 있다. 그래서 "단월드 다닌 적 있으세요?" 하고 물었다. 아니라고 한다. 놀랍게도 다닌 적이 없으면서 비방을 하고 있었다. 다닌 적도 없으면서 왜, 어떻게 비방을 할 수 있는지 물었더니 소문을 들었다고 한다.

넌 미친놈이라고 했더니 내가 왜 미친놈이냐고 따져 물었다. 어느 날 공중화장실 앞에서 이렇게 생긴 놈들이 너에 대해서 미친놈이니 상종도 하지 말라고 하는 소문을 들었다. 오늘 만나고 보니 그 말이 맞는 것 같다고 했더니 순간 조용했다. 누군가 소문만 듣고 너를 비방하면 좋겠냐고 물었더니 아니라고 했다. 네가 짜장면이 좋다고 짬뽕 먹는 사람을 비방하는 것은 옳지 않은 것 같다. 그러니 다른 사람의 소문에 삶을 내맡기지 말고 한번 다녀보고 비방을 할 건지 노래를 부를 건지 결정하라고 했다.

다니고 비방하는 자들이나 다니지 않고도 비방하는 자들이나 한결같이 무지하다. 그들은 과거를 향해 달려가고 있다. 비방은 과거의 기억을 바탕으로 일어나기 때문이다. 그들은 피해의식 속에 잠들어 풍요로운 현재를 놓치고 있다.

가끔 리탐빌이 지방에도 있는지 묻는 이들이 있다. 아직은 없다고 하면 다른 수련 단체를 추천해달라고 한다. 요가, 명상 단체 외에도 단월드도 추천한다. 나는 좋은 점이 있었기에 다녔고, 다른 공부가 필요했기에 그만 두었다. 기독교와 불교의 차이처럼 나와 달리 그에게는 잘 맞는 프로그램이 분명 더 있을 수도 있기 때문이다. 선택하고 결정하는 건 그의 몫이다.

초능력

초등학교를 입학하고 적응하기가 힘들었다. 줄지어서 걷는 것, 지시에 따라야 하는 것 등 그래서 등교를 하고 나서 어떻게 빠져나갈까 궁리를 하기 시작했다. 몰래 집으로 내려와 집 뒤편에 숨어있기도 하고, 흐르는 물에 발을 담그고 혼자 멍하게 앉아있기도 했다. 지금 생각하면 명상을 입문한 시기인 것 같다. 외향적으로는 밝고 명랑했지만, 내면적으로는 나만의 세계를 찾아다니고 있었다. 그 길을 안내해 준 것이 만화책이었다. 교과서보다 재미있고 창조적인 세계가 좋았다.

그리고 영화에 관심을 가지기 시작했다. 그 당시 6백만 불의 사나이.

소머즈 등 TV 외화에 푹 빠졌다. 인간의 능력을 넘어서는 무엇인가가 있구나 생각했다. 지금에서야 느끼는 것이지만, 명상을 통해 우주를 보고 우주 메시지를 활용하면 6백만 불의 사나이와 소머즈보다 더 강력한 초능력이 될 수 있는 게 명상이다.

그저 지켜보라

음악을 잘하는 아이에게 운동을 잘하라고 강요하지 말라.
운동을 잘하는 아이에게도 음악까지 잘하라고 강요하지 말라.
이제 스스로 잘할 수 있도록 관심과 사랑으로 그저 지켜보면 된다.

가만히 있으면

우리는 그저 가만히 있기만 해도 이미 깨달은 존재인데 깨달음에 대한 수많은 정보와 환상 때문에 어렵게 둘러서 가고 있다. 결국엔 알고 있던 정보들을 다 비우고 나면 이미 있었던 그 자리로 되돌아온다. 그래서 부모가 깨닫고 아이 때부터 알려준다면 돌아가지 않아도 된다.

에고의 특징

에고는 틀렸다는 것에 수치심을 느낀다. 에고는 내려오는 것을 두려워한다. 존재는 내려오는 것을 두려워하지 않는다. 올라간 적이 없기 때문이다.

존재함

존재는 백인도 흑인도 아니며 민족과 나라에 속하지도 않는다. 나이와 성별과도 무관하다. 존재는 그 자체로 존재함이지 덧입혀 지거나 분리되어 있지 않다. 덧입혀지거나 분리하는 것은 마음이다.

의지

그대는 웃기 위해서 개그 프로그램을 보지 않아도 지금 이 순간 그냥 웃을 수 있다. 웃기 위해서 대상이나 조건이 필요하지 않다. 그대가 웃기 위해서는 그대의 의지면 된다. 그대는 깨닫기 위해서 절이나 교회를 가지 않아도 된다. 그대의 의지면 된다. 그래서 지금 이순간 깨달을 수 있다. 이러이러한 조건이나 관념적인 깨달음을 내려놓는 그 순간 깨달음을 가로막고 있던 안개가 걷히고 선명해지는 것을 알게 될 것이다.

방향

에고적인 사람에겐 에고를 키우기 위해서 따르는 사람이 모이고 의식적인 사람에겐 의식을 깨우고 성장하고 싶은 사람이 모인다. 그렇지만 에고를 키워 공허함을 경험한 자는 의식을 깨우기 위해 방향을 바꾸지만, 의식적인 깨어남을 맛본 자는 에고를 향해 방향을 바꾸는 경우는 극히 드물다.

나눔

가진 게 없어 나눌 수 없다고 하는 사람에게 물어보았다. 얼마를 나눌 수 없는 것인지 10000원인가, 100원인가? 가졌다는 기준을 많이 가진 사람과 비교하지 않아야 한다. 이미 충분히 부자이다. 중요한 것은 금액이 아니라, 그대의 의식이다. 평화를 나누고 감사를 나누고 사랑을 나누고 이해를 나눌 수도 있다. 물질만 나눌 수 있는 것이 아니다. 그래서 말한 마디로 천냥 빚을 갚을 수도 있다.

가치

 명상을 찾아오는 사람 중에 좋은지 안 좋은지 몰라서 선택을 망설이는 경우가 있다. 우리는 해보기 전에는 좋은지 안 좋은지 알 수 없다. 알고 보면 좋고 안 좋은 것도 자신의 기억된 정보일 뿐 별 의미가 없다. 무슨 일을 하든 자신이 에너지를 쓴 만큼 결과를 얻을 수 있다. 그리고 나면 가치는 그다음에 저절로 찾아온다.

조건

 닉 부이치치가 완벽한 몸으로 태어났다면, 과연 사람들을 깨우며 성장할 수 있었겠는가? 지금 그대의 부족함이 누군가를 깨울 수 있는 최상의 조건임을 알아야 한다. 다른 사람에 비해 더 나은 장점이 많다면 과연 무엇을 극복하고 이겨내겠는가? 부족한 것만 보면서 장점을 제대로 활용하지 못한다면 멍청해질 수 있는 조건이 될 것이다.

아이러니

경찰은 치안을 유지하기 위해서 존재하지만, 아무런 사건도 일어나지 않는다면 쓸모없는 직업이 된다. 사건이 일어나는 것을 싫어하겠지만, 오랜 시간 사건이 일어나지 않는다면 경찰은 사라지게 될지도 모른다. 인류의 의식이 성장하고 있다. 그렇다면 아이러니하게도 그들은 사건이 일어나지 않길 바라면서도 그 직업은 유지하고 싶어 할 것이다. 범죄자들을 존중하고 사랑으로 안내해야 한다.

이기주의

나라에도 그 집단의 의식이 있다. 전쟁을 일으키고 평화를 위해서라고 하는 거짓된 나라들이 있다. 그대는 세계에서 일어나는 크고 작은 전쟁을 통해 자주 목격을 하고 있을 것이다.

그대는 어느 것이 먼저라고 생각하는가? 평화에 대한 의지가 강하다면 전쟁은 결코 일어날 수가 없다. 전쟁을 일으키는 그들은 평화에 대한 의지보다는 전쟁으로 이익을 우선하는 의지가 더 강하다.

방송심의

어느 나라에 있는 사실인지 아닌지 들은 이야기다. 방송심의에 남자 가수의 양쪽 젖꼭지가 다 보이면 안 된다. 한 쪽씩 번갈아 가면서 보이는 것은 상관없지만 ㅋㅋㅋ 유아적인 발상에 웃음 한가득.

방어

선인장의 가시는 자기 자신을 보호하기 위해서 있는 것이다. 사람에게도 모난 모습이 있는 것은 자기 자신을 방어하기 위해 만들어진 것이다. 그래서 있는 그대로 다 사랑해야 한다.

선인장이 말합니다.
가시를 돋게 해서 나를 방어하는 겁니다.
그런 나를 이해해주세요.
모난 놈이 말합니다.
모난 척을 하는 것은 피해의식을 방어하기 위해서 그런 것이니
그런 나를 이해해주세요.

나를 안아주세요

어린 시절 혹은 힘들었던 자신의 기억을 앞에 두고 안아주고 말해주세요. 나는 어린 시절의 나를 이해합니다. 그리고 나는 나를 용서합니다. 이제 나는 나를 사랑합니다. 나는 나를 존경합니다. 나는 나로 살겠습니다.

동심회복

잠들기 전 베개에게 인사하세요. 머리를 바쳐줘서 고맙다고 사물과 식물과 동물과 인사하면 풍요로워집니다. 이것이 유치해서 아닌 것 같다는 생각이 든다면 그동안 그렇게 해보지 않아서 그렇습니다. 내 안에서 동심이 사라져서 그렇습니다. 동심을 회복하세요. 숙면을 취할 수 있습니다.

관점

그대에게는 아무리 볼품없는 담요일지라도 거지에게는 가장 아끼는 물건이 될 수 있다. 사회적인 관념에서 벗어나 관점을 달리해서 바라보라 사물의 깊이가 달라진다.

리나

그대가 힘들다고 느끼는 수련을 통해서 그대는 더 건강해지고 순수해지고 맑아지고 가벼워지고 마침내 자유로워진다.

[리나 : 리탐나마스카라, 종교와 상관없는 절체조이며 리탐빌 수련]

때

낭떠러지라고 알려주어도 제 정신이 아닌 경우에는 멈추지 않고 가다가 떨어진다. 힘들어하는 사람에게 마음을 비우라고 해도 비우지 않는다면, 여전히 힘들게 살 수밖에 없다. 그러한 과정 뒤에는 내면으로 들어갈 수밖에 없을 때가 기다리고 있다.

남 탓

고속도로에서 차가 밀려 앞차를 보고 '왜 다들 나와서 이렇게 힘들게 하냐고 투덜'거리고 있다. 그대 뒤의 차 안에서도 그대 뒤통수에다 대고 그렇게 말하고 있음을 알아야 한다. 문제는 앞차가 아니라 남 탓을 하는 그대의 의식이다.

마음의 소리

오랜 시간 운전을 하다 보면 어느새 노래를 흥얼흥얼거리는 자기를 보게 된다. 이것은 마음 작용이다. 마음은 가만히 있는 것을 못 참는다. 그 순간 집중해서 침묵해보라 그래도 끊임없이 생각이나 감정이 끼어들면 아직 마음이 살아있다. 빠른 속도로 운전을 해 보라. 그 순간에만 집중하게 될 것이다. 그때는 마음이 끼어들 수 없다. 마음이 과거나 미래에 가 있으면 운전에 집중할 수 없어 사고가 난다. 달리는 순간 마음이 멈춰지고 고요한 순간을 경험하게 된다.

미용실

종종 미용실에서 충분히 이완된 체험을 하곤 한다. 머리뿐만 아니라, 온 몸 전체의 감각을 다 이완시켜보라, 손이 닿을 때마다 편안한 수면이 밀려오고 너무나 편안해진다. 뇌파가 떨어지고 '가수면'을 경험한다. 잠깐의 그 편안한 느낌이 지나고 나면, 선명하게 의식이 깨어나는 것을 경험할 수 있다.

문제

누군가와 부딪치는 게 싫어서 피하는 것보다는 존중해 주는 게 문제가 더 빨리 해결된다. 그 사람이 왜 미운가? 나한테 잘못해서? 그럼 나는 그 사람에게 잘하고 있는가? 속이 좁은 나의 문제인가? 정말 그 사람의 문제인가? 속이 좁은 나의 문제일 수도 있으리라. 모든 만남에서의 문제는 다 나의 문제이다.

어디에서나

그대가 지금 살고 있는 곳은? 지구라는 정보 자체도 내려놓으라. 그대는 허공처럼 텅 비어있는 존재다. 그대는 지구와 무관하게 존재한다. 어디에서나 존재한다.

동일시

영화나 드라마를 보면서 움찔거리며 놀라고 울고 웃는 것은 그 장면이 나라고 동일시하고 있기 때문이다. 그대가 울고 있는 것은 그 장면의 일부가 된 것이다.

이제 감정을 이입하지 말고 그저 지켜보라. 그러한 연습을 하다 보면, 그 동안 별 싱거운 짓을 다했다고 깨닫게 될 것이다. 스크린과 인생이 별반 다르지 않다. 인생도 감정이입 없이 살아보라. 동일시하지 않는다면 깨닫게 될 것이다.

영양분

지금 그대 앞에 음식물 쓰레기가 있다면 어떻게 하겠는가? 냄새가 나서 금방 치워 버릴 것이다. 우리가 아는 쓰레기는 보여지는 것이 있고 보이지 않아도 오래도록 담고 다니는 것이 있다.

그대 머릿속이 수많은 부정적인 정보로 가득하다면, 그대와 함께하는 다른 이들은 지독한 악취에 시달리고 있을 것이다. 단지 그대만 모르고 있다. 그대가 화를 내고 짜증 내는 단어들을 머릿속에 가득 담고 있다면, 그대는 언제나 음식물 쓰레기 속에서 살고 있다. 하지만 음식물 쓰레기를 잘 활용하면 과일이 자라는 거름이 된다. 그대 머릿속의 쓰레기도 지혜롭게 잘 사용하면 성장의 영양분이 된다.

즐기는 자

이기려는 자의 에너지는 분리가 된다. 내가 아닌 상대방을 의식해야 하기 때문이다. 반면 즐기는 자는 자신에게만 집중하면 저절로 된다

차라리

불면증이 심하게 걸린 어떤 사람이 찾아와서 힐링을 해 준 적이 있다. 며칠이 지나 만났을 때 잠은 너무 잘 자고 있지만, 자고 일어나면 몸이 너무 무겁다고 했다. 그래서 몸이 무겁지 않도록 리탐나마스카라와 함께 명상을 알려주었더니 이제는 몸은 무겁지 않지만, 리탐나마스카라를 했더니 허리가 아프다고 한다. 좋아지기 위한 과정이지만, 이쯤 되면 이 사람이 불면증에 걸린 이유를 쉽게 알 수 있을 것이다.

좋아진 것보다는 안 좋아진 것만을 찾아낸다. 몸을 움직이는 것을 싫어하고 있기 때문이다. 차라리 불면증을 달고 사는 게 더 나았을 것이다. 그렇다면 허리가 아픈 것은 찾지 못했을 것이다. 사람의 몸이란 세월이 흐를수록 약해지고 점점 더 죽음과 가까워지는 것을 알아야 한다. 몸을 움직여 건강하게 만들고 매 순간 긍정적으로 살 수 있는 지혜가 필요하다. 죽음은 언제나 그대를 기다리고 있다 10년 후일지 내일일지 그 누구도 알 수가 없다. 삶을 걱정과 두려움으로 보내고 싶지 않다면, 아직도 죽지 않은 지금 이 순간을 즐겨라!

깨어나라

군대는 군인들에게 생각을 할 수 없게 만든다. 생각이 멈췄을 때는 두려움이 사라지고 총과 대포 소리를 듣고도 적진을 향해 뛰어갈 수 있다. 살아남을 수 있게 만들려고 하는 것이지만, 결국엔 육체적인 생명을 죽이기 위한 과정이다. 우리의 마음은 어려서부터 조국에 대한 충성으로 세뇌되어 왔다. 그렇다면 어려서부터 인류에 대한 사랑을 듣고 자랐다면, 과연 어떻게 되었을까? 지구에 전쟁이 사라졌을 것이 분명하다.

개인이 깨어나지 않으면 정치와 권력자들에게 이용당하게 된다. 북한이 전쟁을 일으키고 쳐들어온다. 일본이 심상치 않다고 불안을 조장하여 두려움을 갖게 하는 것 또한 가상의 적을 이용하여 권력자들에게 의지하게 하는 한 방법이다. 선거철 때마다 경상도 전라도 지역 분쟁을 야기하는 것과 다르지 않은 수법이다. 깨어 있지 않기 때문에 권력에 이용당하고 있다. 오직 깨어 있는 자만이 자유로울 수 있다.

개밥그릇

군대 생활을 할 때의 일이다. 야간에 훈련 동안 누군가 마을에 내려가서 마당에 있는 냄비를 가져왔다. 라면을 끓여 먹기 위해서였다. 맛있게 잘 끓여 먹고 다시 제 자리에 갖다 두었다.

다음날 마을을 지나면서 어제 라면을 끓여 먹었던 냄비에 맛있게 밥을 먹고 있는 개를 보았다. 간밤에 라면을 먹었던 냄비가 개밥그릇이었다. 함께 먹었던 동료들의 입에서 여러 소리가 나왔지만, 이미 간밤에는 너무나도 맛있게 먹은 뒤였다. 그 순간 우리는 원효대사가 되었다. 냄비 옆엔 물을 담은 그릇이 있었고 개는 혀로 물을 먹고 있었다.

디오게네스는 모든 것을 버리고 나체로 다니면서도 음식을 먹을 수 있는 그릇은 가지고 다녔다. 어느 날 개가 강가에서 물을 먹는 것을 바라보고는 그릇도 필요 없음을 깨닫는다. 그대도 무릎을 꿇고 손을 짚은 체 개처럼 물을 먹어보라 창피해서 못 먹겠다면, 그대는 무슨 관념에 사로잡혀 있는 것이다. 그대 스스로가 개가 아니라면 창피할 것이 없다. 한번 해보라. 그리고 세상의 관념에서 벗어나 새롭게 태어나라.

관념

오래된 관계의 사람들을 처음 만나는 사람처럼 대해보라. '저놈은 옛날이나 지금이나 똑같다'에서 옛날을 빼고 지금만 보라는 뜻이다. 그가 얼마나 변하고 새로워졌는지 내 관념으로는 알 수가 없기 때문이다.

내 안에

인류애가 생기지 않는 것은 아직 나를 모르기 때문이다. 나를 알면 사랑이 되고 나를 알면 천국이 된다. 그대가 원하는 모든 답은 내 안에 있었다.

불행은 행복

역설의 의미를 알고 있는가? 불행은 행복의 시작이다. 행복 역시 불행의 시작이다. 자살을 뒤집으면 살자 이고 공허를 뒤집으면 허공이 된다. 어느 날 그대가 텅 빈 공허를 느낀다면 주변에서 일어나는 모든 부딪침이 사라지고 허공처럼 되었다는 의미이다.

외롭지 않다

혼자 앉아 명상을 하고 있는 사람에게 '혼자 앉아 있어서 외롭지 않느냐'고 묻는다면, 그대의 질문으로 인해 평화로운 우주에 큰 소음을 불러일으킨 것이다. 그대는 아직 명상을 모르고 있다. 그래서 혼자 있으면 외롭다는 관념으로 질문한 것이다. 명상은 외롭지 않다. 혼자 있을 때 외로움을 느끼는 그대에게는 명상이 필요하다.

세상에는

5종류의 사람이 있다. 완전히 깨어 있는 자, 깨어 있는 자, 깨어있다가 자는 자. 눈 뜨고 자는 자, 눈 감고 자는 자.

지혜

무지한 자는 누군가가 없어지면 일을 잘 할 수 있다고 한다. 반면 지혜로운 자는 누군가의 재능을 발견하고 함께한다.

다른 차원

마음은 즉각적으로 움직일 수 없다. 지나온 기억을 바탕으로 비교하고 분석하여 움직이는 것에 익숙해져 있다. 그래서 그냥 하기가 잘 안된다. 그냥 하기는 직관의 차원이기 때문이다. 마음은 비교하고 분석해서 움직이거나 아니면 회피한다. 움직인다고 해도 의식은 잠들어있다. 일종의 몽유병이다.

자존감

의식이 낮거나 애정의 불균형이 심할수록 과소비가 심하다. 자존감이 낮기 때문에 과소비를 하면서 높이려고 하지만, 그럴수록 점점 더 낮아진다. 또한 사놓고 사용하지도 않는다. 신상품이 나오면 빚을 내면서까지 쇼핑한다.

행복은 소비와 무관하지만 그들의 의식은 물건을 구입하면서 자존감을 채우려고 한다. 카드를 긁는 느낌에서 그 순간 행복함도 있겠지만, 나는 왜 이럴까라는 죄책감도 동반한다. 물건을 구입할 때의 만족감은 길면 일주일, 짧으면 구입하고 돌아서는 순간 사라진다.

아직 행복의 본질을 모른다면 명상을 경험하지 않았다면, 지금 바로 자연으로 가서 자연을 체험해 보라! 그대를 정화하고 치유해줄 것이다. 그냥 가면 된다. 자연은 우리에게 뭔가를 바라거나 원하지 않는다. 그리고 아무것도 지불하지 않아도 된다. 그냥 나무에 기대앉아 있다 오면 된다.

무지

절과 가까운 산의 환경을 보호하기 위해 단식을 하는 스님의 기사를 읽은 적이 있다. 나무를 사랑하고 환경을 보호하겠다면서 절은 왜 산속에 지었는지 모르겠다. 과연 그곳에 절이 없었다면 단식을 했을까? 그리고 다른 곳에서 환경이 파괴되는 것에 대해서는 무관심하다. 그대는 알고 있겠지만, 이 모든 것이 우주 차원에서는 아주 미세한 먼지에 불과하다.

욕심

그대가 내면적으로 가난하다면, 물질적으로 많은 것을 가졌다 한들 어찌 가난하지 않겠는가? 그대가 물질과 상관없이 내면적으로 풍요로울 수 있어야 한다. 그대의 욕심은 밑 빠진 독과 같다. 채워도 채워도 끝이 없으며 가난을 벗어날 수 없다.

부활

힘들었던 과거로 돌아가 보라. '끔찍해서 생각하기도 싫다"고 하지만, 사실은 되돌릴 수 없다. 그렇지만 많은 사람들이 현재를 죽이고 과거를 부활시키고 있다. 그래서 지금이 괴롭고 힘들다

나를 위해서

지금 하고 있거나 일어나는 모든 일들이 냉정하게 자기 자신의 성장을 위해서 한다면 힘들 것이 없다. 가족을 위해서 회사를 위해서 혹은 주변 눈치를 보면서 한다면 힘들어진다.

아닌 것이

그대는 그대 자신을 볼 수 있는가? 보았다면 정말로 그대 자신을 본 것인가? 아니면 마음을 보거나 몸을 보고 그대를 보았다고 말하는 것인가? 그대는 그대 몸이나 마음에서는 찾을 수가 없다. 몸과 마음은 깨달음에 이르게 하는 도구일 뿐 그대는 아니다. 그대는 그대이기에 그대를 볼 수도 없다. 그대가 본 것은 그대가 아니다. 그대가 아닌 것이 그대이다.

통로

순수에너지가 사랑이라는 의식을 통과하면 사랑이 되고 분노라는 의식을 통과하면 분노가 된다.

그렇지 않다면

자신은 화를 잘 내지 않는다는 사람은 단지 화를 낼 에너지가 부족하거나 누르고 있는 사람일 가능성이 많다. 그렇지 않다면 깨어 있는 자이다.

성 에너지

남녀 7세 부동석, 남녀가 7세가 되면 같은 자리에 있으면 안 된다. 어렸을 때부터 성을 억압해왔고, 남녀가 함께 있는 것을 금지해왔다. 때문에 같은 성으로 있으면서 탈출구를 찾게 된 것이 호모이거나 레즈비언이 생겨났다. 그로 인해 나이만 먹고 거짓 어른이 된 자들에겐 남녀가 함께 있어도 문제, 동성이 같이 있어도 문제가 되는 시대를 만들었다. 성직자들은 성을 죄의식과 수치스러움으로 여기면서 억압하고 누르면서 왔다. 분출하지도 승화되지도 못한 채, 그 에너지는 그대로 신도들에게 천국 대신 지옥을 강요하게 된다.

성 에너지를 강하게 하기 위해서는 아랫배를 많이 움직여 운동해주어야 한다. 중세 시대 영화들을 보면 노예나 하인들에게서 성적인 만족도를 얻고 있는 마님의 모습을 볼 수 있다. 머리와 품위와 가슴으로 호흡하는 남편과 달리 온몸으로 일을 하고 온몸으로 호흡하는 하인들의 모습은 아랫배가 불룩불룩 하는 장면이 나온다. 성 에너지 중심으로 호흡한다면 당연히 발달하게 되는 원리이다. 그래서 남편에게선 만족을 할 수가 없는 것이다. 반대의 경우도 마찬가지이다. 품위와 교양을 가진 척 가벼운 호흡을 하는 부인보다, 온몸으로 일하고 호흡하는 여자 하인의 호흡이 깊은 것은 당연하기 때문이다. 세탁기, 밥솥, 보일러가 일을 다하는 세상이니 몸을 쓰는 움직임이 줄어들고 있다. 그래서 생각만 많아졌다.

오물 인생

음식물 쓰레기를 버리려고 갔다가 오물이 옷에 묻는 바람에 몹시도 인상을 찌푸리며 투덜거리는 사람을 본 적이 있다. 사실 그 사람은 평소에도 굉장히 부정적이었다. 처음 만나는 사람을 1분 안에 단점을 파악해 내곤 불쾌해하는 그런 사람이다. 음식물 오물이 묻으면 세탁하면 그만이다. 더 이상 얼굴 찌푸릴 일이 아니다. 그뿐이다.

정보

기독교를 가졌던 종교인을 만난 적이 있다. 편협함 때문에 자신의 종교를 바꿨다고 한다. 그러면서도 지옥에 대한 정보 때문에 여전히 불안해하고 두려워한다. 이미 들은 정보가 새로운 정보를 지배하고 있기 때문이다.

그대 안에서

학창 시절 때 좋아하는 이성 친구가 생기면, 다른 사람은 눈에 들어오지 않는 경험이 있을 것이다. 이 세상에 오직 둘만이 존재하고 더 깊어지면, 나도 사라지고 좋아하는 그 사람만 존재하게 된다. 그가 무엇을 하고 있을까, 무엇을 좋아할까, 온통 그 생각뿐이다. 그래서 나는 사라진다.

미워하고 싫어하는 사람도 마찬가지다. 의식이 낮은 영화를 보면 상대에 대한 복수심으로 오직 어떻게 복수할까 집중하며 칼을 간다. 어디로 가는지 무엇을 하고 있는지 미행하고 연구한다. 사랑을 해도 증오를 해도 마찬가지다. 그대가 사라진다. 오직 대상에 대한 관심뿐이다. 대상에게서 결과를 얻으려고 한다. 결론적으로 대상에 대한 사랑은 미움이나 증오로 바뀌고 대상에 대한 복수는 또 다른 복수를 낳는다.

그대는 어떠한 삶을 살고 있는가, 대상을 바꿔가며 사랑을 찾고 있는가? 복수하기 위해서 사는가? 이와 같은 반복적인 현실에서 이제 밖이 아닌 그대 안으로 들어가야 한다. 처음에는 낯설고 힘든 길이겠지만 곧 발견하게 된다. 그대 안에서 사랑을.

집중

집중은 명상을 체험하기 이전의 상태이다. 일에 집중해보라. 도둑도 일에 집중한다. 그래서 들키지 않고 잡히지 않을 수가 있다. 어쩌면 도둑은 집중 속에서 오는 그 생각 없음의 환희에 중독되어 있을 확률이 더 높다.

거짓말

다른 사람에게 거짓말을 하고 있다면 그를 속이고 있는 것은 아니다. 그 사람은 그대의 말을 믿고 있기 때문에 속는 것이 아니다. 거짓말은 그대가 그대 자신을 속이는 것을 말한다. 그렇지만 죄책감을 가질 일은 아니다.

위인전

지인의 집에 초대를 받아서 간 적이 있다. 아이 방의 한 벽면이 교과서, 학원 교재에 세계위인전으로 가득하다. 지인은 아이가 이 책을 다 읽고 있다고 자랑한다.

그대는 존경하는 사람이 누구인가? 어린 시절 부모님이 사준 세계위인전 100인을 읽고, 아직도 그중에 누군가를 존경하고 있는지, 아니면 위인의 삶에 비해 너무나 작고 왜소해져 있는가?

세계위인전 100선을 쌓아두고 위인처럼 아이를 키우겠다는 생각을 버려라. 모두가 다 위인이 되는 세상을 상상해보라. 나폴레옹 징기스칸 알렉산더 등 모두가 다 그런 생각을 가지고 자신의 나라와 민족을 위하거나 자신의 야망을 이루기 위해 다른 민족을 죽이고 땅을 넓혔던 인물들이다. 나폴레옹의 불가능이 없다는 열정과 리더십은 결국 사람을 죽이는 일을 했을 뿐이다. 아이를 그런 위인으로 만들고 싶다면 그렇게 하라.

결국에는 그 아이도 다른 경쟁자들을 죽이거나 그들에게 밀려 죽거나 점점 더 작은 꿈을 가지며 포기하는 삶이 될 것이다. 그대의 아이가 지금 어떤 책을 읽고 있는지 과연 체크해보지 않아도 되겠는가? 위인이 되도록 세뇌시키지 않기를 바란다. 누군가와 비교하지 말고 존재 그 자체의 인물님이 되도록 안내해 주어야 한다. 우선 먼저 부모인 그대 스스로 가장 존경하는 인물은 자기 자신이라고 말 할 수 있을 때, 그 아이도 그렇게 될 것이다. 존경은 조건이 있어서 되는 것이 아니다. 이 세상에 태어난 자체만으로도 존경받을 만하다. 초등학교에 입학하면 선생님을 존경하라고 가르친다. 그게 무슨 의미인가? 존경은 스스로 깨달아서 일어나야 한다. 이보다 우선이 되어야 할 것은 자신을 존경하는 데 무슨 조건이 필요한가? 나는 나인데 그냥!

생각의 차이

여름에 해수욕장에 근무하는 친구가 겨울에 스키장에 놀러 가고, 겨울에 스키장에 근무하던 친구가 여름에 해수욕장에 놀러 간다면, 마음은 항상 반대쪽만 바라보고 부러워한다. 입장을 바꿔보면 지금 일하고 있는 그 자리가 놀고 있는 자리이다. 그것을 깨달으면 비교하고 분별하던 삶이 축복이 된다.

이런 사람을 봤다. 겨울이 되면 따뜻한 나라를 여행하면서 사진을 찍어서 보내온다. 여름이 되면 추운 나라를 여행하면서 사진을 찍어서 보내온다. 여러분은 지금 웃고 있을 것이다. 그 사람은 외부 환경에 따라서 움직이고 있다. 겨울이 되면 여름을 떠올리면서 추운 지방으로 여름이면 겨울을 떠올리면서 따뜻한 지방에 왔다고 생각하면 쉽게 해결될 문제이다. 그저 가만히 있으면서 생각만 바꾸면 된다.

문어씨

지인의 아이가 문어를 보고 문어씨라고 한다. 아이들은 순수하다. 있는 그대로 존중한다. 나이를 먹으면서 인간만이 우월하다는 관념이 주입되면서 문어를 나무를 자연을 우습게 알고 함부로 대한다. 우월한 인간은 편리를 위해 자연을 마음대로 훼손한다. 인간 또한 자연의 일부라는 것을 망각한 채 자연을 죽이고 있다면, 자연이 사라지는 그날 인간의 삶도 죽음에 이른다는 사실을 알아야 한다.

문어를 문어 씨라고 부르는 그날, 인간과 자연은 서로 존중하며 함께 풍요로워질 것이다.

어디쯤

관계 속에서는 사랑이 없다.
집착만 커진다.
탐욕 속에도 사랑은 없다.
나는 지금 어디쯤에서 사랑을 하고 있을까?
가족을 사랑하면 효

나라를 사랑하면 충
인류를 사랑하면 도

방식

'오는 말이 고와야 가는 말이 곱다.'와 '가는 말이 고와야 오는 말이 곱다.' 그대는 어떤 삶의 방식을 사용하고 있는가?

존중

몸이 아픈 건 마음 작용 때문이다.
마음의 상처가 쌓이면 그 영향을 몸이 고스란히 받게 된다.
깨어 있는 사람들은 마음이 없으며 존재 그 자체로 몸을 움직인다.
과거의 기억이나 정보로써 사람을 판단하는 것이 아니라,
지금 이 순간 있는 그대로 바라볼 뿐이다.

정신없는

정신없는 소리 하고 있네, 정신 나간 소리 하고 있네, 저놈 제정신이 아니네. 이런 경우 정신이 없는 상태이거나 나간 상태에서는 무슨 말을 해도 말 같지 않은 소리가 된다. 그래서 말 같은 말을 하라고 한다.

주입된 정보

사탄과 악마는 만들어진다.
악마는 처음부터 있었던 것이 아니라 만들어지는 것이다. 학교 교육, 가정 교육, 사회 교육, 종교 교육이 그렇게 만들고 있다. 학교는 입시 지옥이라고 말하면서도 교육자라는 사람들이 지옥을 바꾸려는 의지가 전혀 없다. 그래서 학교 옥상으로 올라가는 학생들이 생겨난다. 그런 교육을 받고 났으니 졸업을 하고 결혼을 한다고 해서 달라질 건 아무것도 없다. 자신이 배운 그대로 아이에게 전달하고 있으니 대물림을 되고 있다.

사회는 어떠한가? 그런 교육의 피해자들이 가득 모여 살고 있는 곳이다. 이기적인 욕심으로 서로가 비교와 경쟁의 대상일 뿐 공존의 의미는 없다. 종교는 사랑을 이야기하고 있지만, 태어날 때부터 죄의식을 강요하고 있다. 백지상태의 아이들에게 악마와 사탄을 이야기하는 것이다. 정보를 반복해서 듣다 보면 세뇌가 되어서 사실인 양 받아들이게 된다. 그래서 악마가 되고 사탄이 된다.

이러한 정보를 듣고 자란 아이와 안 듣고 자란 아이 중 누가 더 자유롭고 행복할까? 주입된 정보들이 쌓이고 밖으로 투영되면서 악마와 사탄이 만들어진다.

비밀 1

A라는 사람이 B에게 비밀이기에 너만 알고 있으라며, C를 험담하고 욕을 했다. 다음 날 B는 C에게 나한테 들었다고 이야기하지 말라는 다짐을 받고, "A가 너를 엄청 욕하더라. 가까이 지내면 안 되겠더라."라는 충고를 해준다. 화가 난 C는 A를 찾아가서 B에게서 들은 이야기를 확인하자, A는 D에게서 C가 A를 험담하고 욕을 하고 있다는 이야기를 들었다. 그래서 C의 비밀을 알려준 것이다. 우리가 알고 있는 비밀은 이렇게 만들어진다.

비밀 2

A가 B에게 비밀이라면서 너만 알고 있으라며, C를 험담하고 욕을 했다. 다음 날 B는 C에게 A가 "너를 엄청 욕하고 험담하더라."고 이야기했다.

C가 B에게 나에겐 상처받을 마음이 없기에 어떤 욕을 해도 괜찮다고 말해주었다. 그리고 나를 체크할 수 있게 전해주어 고맙다고 했다. C는 10년 전이었다면 상처 받을 수 있겠지만, 명상으로 마음이 사라지고 나니 상처를 받거나 울부짖을 만한 일은 더 이상 없다고 한다.

C같은 사람을 만나면 그저 허공에다 말을 하는 것과 같다. C같은 사람을 만나는 날 그대에게도 새로운 변화가 시작될 것이다.

응응

지인과 함께 외국 여행 중이었다. 현지인들이 이러쿵저러쿵 여러 가지 말들을 하고 있었지만, 그저 알 수 없는 소음으로만 들렸다. 그때 지인이 한국에서 온 전화를 받고 이렇게 말하는 것을 들었다.

"지금 공항인데, 응, 시끄럽다고, 그래 옆에 사람들이 알아들을 수 없는 이상한 소리를 하고 있어서, 이제 잘 들려?" 그렇다 우리가 하는 말도 다른 언어를 사용하는 사람들이 듣기에는 그저 이상한 소리에 지나지 않는다. 말을 듣고 감정이 일어나는 것은 의미를 알고 있기 때문이다.

말을 듣고 화가 날 때는 그저 웅웅 거리는 소리로 듣는 연습을 한다면, 삶을 대하는 방식이 달라진다. 모든 것은 그저 소리이다.

분노의 파장

그대는 조용히 길을 가다 거칠게 싸우는 무리들을 본 적이 있을 것이다. 그리고 말리기 위해 다가간 적이 한 번 정도는 있었을 것이다. 점잖게 말리고 있던 그대는 무리의 눈에서 나오는 분노의 에너지에 감염된다. 그 순간 그대 안의 잠자고 있던 분노가 터져 나오면서 이쪽저쪽 오가며, 그 무리보다 더 크게 소리를 질러봤을지도 모른다. 싸우고 있는 무리에게서 뿜어져 나오는 분노의 파장이 그대의 마음속에 가라앉아 있던 분노를 자극했기 때문이다.

거지

평범한 거지와 상거지의 차이는 무엇일까?

길거리에서 밥 한 끼 해결하기 위해 구걸하는 거지와 집 한 채, 차 한 대 구입하기 위해 구걸하는 거지의 차이는 무엇일까? 더 큰 돈을 구걸하는 그들이 더 가난한 거지이다. 원하고 바라는 것이 더 많기 때문이다. 남루한 옷을 걸친 채 길옆에 앉아 한 끼 식사 값을 구걸하는 거지와 일하지 않고 명품 옷을 쫙 빼입고 가족에게 스포츠 카를 구걸하는 거지.

그대가 보기엔 어느 거지가 더 가난해 보이는가?

남루한 옷을 입어도 부끄럽지 않은 채 구걸하는 거지와 멀쩡하게 차려 입어야만 다닐 수 있는 거지의 차이를 알겠는가? 멀쩡하게 차려입은 거지는 남루한 옷을 입고는 아무 데도 갈 수 없다. 겉만 번지르르하고 내면은 가난한 거지이다. 겉옷이 남루하고 한 끼 식사를 구걸하는 거지에 비해 명품을 입고 사랑을 구걸하는 거지는 정신적으로 가난한 거지이다. 남루한 거지는 먹을 것을 구걸하지만, 사랑을 구걸하는 거지는 정신적으로 빈약한 상(上)거지이다.

쓰레기봉투

스승에게 두 명의 제자가 있었다.

지식적으로 많이 배운 제자가 무식한 제자에게 청소를 할 때마다 달려와 방식이 틀렸다면서 구박하고 험담한다. 어느 날, 지식적인 제자가 스승을 찾아와 무식한 거지가 쓰레기봉투를 잘 사용하지 못하기 때문에 계속 냄새가 난다며 고자질한다. 스승이 지식적인 제자에게 쓰레기봉투를 건네며, "너의 머리를 쓰레기봉투 속에 넣어라."고 말했다. 그리고는,

"지저분하고 분별하는 더러운 악취는 너의 머릿속에서 나는구나."
보이는 쓰레기는 버릴 수 있지만, 머릿속에 든 쓰레기는 버릴 수가 없다.

절대적 이완

어렸을 때 시골 동네에서 있었던 일이다.
한번은 술에 취한 노인이 높은 언덕에서 떨어져 물이 흐르는 냇가에 떨어졌다. 모두가 죽었을 것이라고 했다. 다음 날, 노인은 평소와 다름없이 멀쩡하게 돌아다녔다. 그 노인이 떨어질 때 살기 위해서 몸을 움직

였다면, 분명 죽었을 것이다. 노인이 멀쩡했던 것은 술에 취해 몸은 이완되고 마음에는 아무런 두려움이 없었기 때문이다.

부드러움

대나무에 태풍이 불어도 부러지거나 꺾이지 않는 이유는 바람이 부는 대로 몸을 자유롭게 내맡길 수 있는 그 부드러움 때문이다.

찬란한 세계

외면(外面)은 겉모습만 보고 판단하는 것을 말한다. 걸친 옷이 마음에 안 든다, 얼굴 스타일이 마음에 안 든다. 이는 외면을 보고 판단한 것이다. 그래서 외면하는 것을 보면, 기분이 나쁘다고 느끼지만, 내면세계에 익숙한 사람들은 그런 면과 상관없이 자유롭다.

내면(內面)은 흔히 말하는 내면의 세계, 의식적인 것을 말한다. 말이나 행동을 할 때 '내가 이러면 안 되지만'이라고 자기 스스로는 알고 있으면서 외면하는 경우가 종종 있을 것이다. 삶에서 변화를 원한다면 이제 외면에서 내면세계로 들어가야 한다. 외면 세계보다 더 크고 찬란한 세계가 내면에서 기다리고 있다.

클레오파트라

이 세상이 클레오파트라 같은 여자로 가득하다면 남자들에겐 천국이다. 동시에 지옥이 될 수도 있다. 장미꽃이 아름답다고 세상 가득 장미꽃만 있다면 그대는 아름답게 볼 수 있겠는가? 아름다움은 비교 대상이 있을 때 가능하다.

어떤 사람들이 꽃의 아름다움을 가지고 말다툼을 하는 것을 보았다. 장미가 예쁘다는 역사적인 의미에서 꽃말에 이르기까지 열변을 토하자, 목련이 아름답다는 지식적인 정보들을 다 늘어놓으며 서로 간에 한 치의 양보도 없이 다툰다. 왜 있는 그대로를 보지 못하고 순서를 정하고 자신의 입장이 옳아야만 하는 것일까? 이 세상에 장미꽃만 가득하다면 참으로 아름다울까, 장미꽃과 안개꽃이 서로 조화를 이룰 때, 더불어 함께 아름다워질 수 있지 않을까?

사회가 만들어진 곳이면 어디에나 관습이 있고 관념이 생긴다. 장미꽃과 안개꽃은 서로 다르기에 그 다양함을 통해 조화를 이루고 서로를 더 아름답게 할 수 있다. 성형으로 똑같은 여자들만 있다면 이 세상에 아름다움이라는 언어는 존재하지 않을 것이다. 그때는 미인대회가 필요 없는 세상이 된다. 그래서 모두가 똑같은 나를 만나는 세상을 원하는 것인가? 다양성이 사라지고, 특별히 아름다운 미인의 기준도 없는 평등한 세상, 서로가 다 나로 인식하는 아름다운 세상을 열망하고 있는 것일까?

비교 대상이 아니라 있는 그대로 바라보고 존중할 수 있어야 한다. 이제 더 이상 누구와 같은 아름다움이 아니라, 그대만의 아름다움으로 깨어나야 한다.

설교

교회 설교를 들어보면 물질적인 것을 비우면 천국에 이를 수 있다고 말한다. 그렇지만 비우면서 보이지도 가보지도 않은 천국이라는 욕망을 하나 더 만들고 있다. 우리가 어느 나라를 여행하려고 하면 자료를 수집하고 계획을 짠다. 집을 구입할 때도 몇 번을 가보고 따져보고 난 뒤 구입하는데, 천국은 그렇지 않은 것 같다. 믿고 11조를 내고 있으니….

물질을 내려놓으면서 비워진다고 하지만, 결국에는 천국을 가고자 하는 욕망으로 집착하고 있다. 무엇보다도 물질을 비우려고 하는 것도 집착이다. 비움에는 어떤 행위도 필요 없다. 이것을 이해할 수 없다면, 그대는 깊은 잠을 자고 있다. 뿐만 아니라, 깊은 어둠 속을 헤맬 수밖에 없다.

현재보다는 사후를 위해 11조를 내고 있다면 지금 이 순간을 어떻게 온전히 살 수 있겠는가?

생각

나는 잘 안 된다는 말을 하지 마라.
생각 자체를 하지 말아야 한다.
그래도 그렇게 생각을 해야겠다면,
그렇게 하라.
변함없이 잘 안될 것이다.

정체되면

컴퓨터와 같은 문명이 발달하면서 사람들은 점점 더 몸을 움직이는 일이 줄어들고, 머리만 굴리든지 손가락 정도만 까딱까딱 움직이는 정도의 에너지만 쓰고 있다. 앞으로의 시대는 손가락 움직임도 귀찮아서 입만 움직이게 되고, 몸은 점점 더 비대해질 것이다. 그다음 세상은 입도 멈추고 생각으로 움직일 것이다. 어쩌면 점점 더 영적인 세계로 다가가고 있는지도 모르겠다.

에너지가 몸 안에 쌓여 어딘가로 분출되기를 기다리다 정체되면 결국 폭력과 파괴적인 행동으로 표출된다. 쌓이고 쌓이면 개인적인 다툼에서 나라와의 전쟁이 될 수밖에 없다. 그 전쟁은 무지한 최고 권력자 1인이 결정한다.

변화

두려운 감정이 일어나면 회피하거나 멈추게 된다.
과거의 내가 있는 한 새롭게 태어날 수 없다.
변화는 의식적인 차원에서 일어나야 한다.
멈추거나 두려운 것은 무의식적인 습관 차원이다.
변화는 그냥 할 때 일어난다.

치유

음식을 먹으면서 '자, 이제 소화를 시켜라.' 명령하지 않아도 위장은 알아서 소화작용을 시작한다. 이것을 본능적이라고 한다. 그렇지만 근심 걱정을 하면서 음식을 먹게 되면, 쉽게 체하거나 소화가 잘되지 않는다. 이는 위장은 소화를 시키는 것보다 근심 걱정이라는 감정을 치유하기 위해 에너지를 사용하기 때문이다. 화를 잘 내거나 조급한 경우엔 간의 에너지가 약해진다. 흔히 술을 많이 먹는 사람이 간이 나빠진다고 하지만 술을 먹지 않는데도 간의 기능이 나빠지는 사람이 있다.

주위 사람들을 잘 관찰해보길 바란다. 분명 이런 사람들은 성격이 조급하든지 화를 잘 내는 사람이다. 간 기능이 회복되고 건강해지고 싶다면 화를 내는 대신 친절하면 간단히 해결된다. 분노하거나 걱정하는 이 모든 감정은 단지 마음에서 일어나는 반복된 습관이다. 반복되는 감정과 습관을 동일시하지 않고 그저 지켜보는 연습이 되면 치유되고 건강해진다.

쇼핑 중독

스트레스를 받을 때 많은 에너지를 소모하게 된다. 그래서 그 공간을 채우기 위해 쇼핑을 하지만, 그 공간을 채울 수 없다. 쇼핑을 했는데도 채울 수 없다면 공허함은 더 커진다. 더 커진 공허함을 채우기 위해서는 이전보다도 더 고급지고 비싼 것을 탐하게 된다. 비슷비슷한 게 아니라 더 특별해야 하고 더 새로운 것을 찾다 보니 쇼핑 중독이 된다. 이제 더 이상 채울 수 없을 만큼 물품은 가득하지만, 상대적으로 더 가난해진다.

월급

교도소를 방문한 경찰청장이 빈방이 없이 꽉 차 있다고 걱정을 하자 교도 소장이,

"그러게요, 세상에 나쁜 놈들이 너무 많아서……."

그들은 그곳을 채워주는 자들 때문에 월급을 받고 있다는 사실을 모르고 있다. 먼저 그들을 존중해야 한다. 세상에서 말하는 나쁜 놈들이 월급을 받을 수 있도록 해주고 있다. 삶은 이렇게 서로 보이지 않는 곳에서 도움을 주고 있다.

과거 있는 여자

창녀였던 여자가 어느 마을로 시집을 오게 되었다. 그 마을에는 창남이라는 남자가 있었다. 창남이는 오래전에 창녀와 관계를 가졌던 적이 있었다. 그럼에도 창남이는, "저 사람 과거 있는 여자야."라고 소문을 내고 다녔다. 그래서 마을 사람들이 그녀의 과거를 상상하며 무슨 일을 했었는지 묻기 시작했다. 그때마다 그녀는 많은 남자들의 외로움을 달래주는 일을 했었다고 말한다.

그녀는 깨어 있었고 과거를 숨기지 않았다. 하지만 창남이는 현재를 살지 않고 과거에 살고 있다. 관념적이고 어리석은 자이다. 예수가 말하길 '너희 중에 죄 없는 자가 돌을 치라'라고 했다. 과거 있는 자들은 돌을 던질 수 없다. 오직 현존하는 자만이 돌을 던질 수 있지만, 현존하는 자는 사랑으로 가득하기에 돌을 던질 일이 없다. 그래서 어느 누구도 다른 누군가에게 돌을 던질 수 없다. 던지고 싶다면 오직 그대 자신에게만 던질 수 있다.

자유

옷을 뭘 입든 자유로운 사람이 되라.

그대의 옷 속에 몸 안에는 이미 자유가 있다.
그 자유가 관념에 메이지 않도록
몸 밖으로 흘러넘치게 하라.

나를 대하듯이

사랑이 그대 안에 있음을 발견할 때
더 이상 밖에서 사랑을 찾지 않는다.
결핍이 사라진다.
누구를 만나든 사랑의 눈으로 바라본다.
모든 존재를 나를 대하듯이 존중한다.

무지

어느 부류는 시험으로 등수를 가리고
다른 부류는 동물들처럼 싸워서 우두머리가 된다.
둘 다 참다운 이유는 없다.
그저 어리석고 무지할 뿐.

관심

남이 나를 어떻게 볼까 염려하지 말고,
내가 나를 어떻게 볼 것인가를 주의 깊게 체크하라.
내 마음을 바라보는 것,
이것이 관심이다.

이름

이름 없는 사람처럼 인생을 살아야 한다.
하늘의 새처럼 바닷속 물고기처럼,
죽고 난 이후에 흔적을 남기지 말아야 한다.
죽고 난 이후에 이름을 남겨서 무슨 소용이 있겠는가?
죽고 난 이후에 쌓아둔 재물이 무슨 의미가 있겠는가?
이름을 남기려는 동물은 인간뿐이다.

노안

노인이 되어 새벽잠이 없는 것과
눈 시력이 나빠지는 것은 의미가 있다.
잠이 없어지는 것은 깨어 있기 위함이고,
시력이 나빠지는 것은 밖이 아니라, 내면을 보라는 메시지이다.

천국

조금 전 막 죽은 남자가 하늘나라 입구에서 문지기에게 질문을 하고 있다
남자: "도대체 천국이 어디 있소?"
문지기: "천국을 왜 여기서 찾는가?"
"그 나라는 인간 세계에서만 존재하는 것이 아닌가?"
남자: "아니 그럼 이곳에는 천국이 없단 말입니까?"
"신을 믿고 죽으면 천국엘 간다고 했는데….'
문지기: "하늘나라가 어디에 있다고 생각하는가? 그대가 살았던 지구도 하늘나라 속에 있다."
남자: "……?"

문지기: "그대가 살았던 지구도 하늘 속에 포함되어 있지 않은가? 그러니 이미 하늘나라에서 살아왔다. 그곳도 천국, 이곳도 천국이지만, 다만 여기는 죽어야만 오는 천국이고, 그곳은 살아있을 때의 천국이니 어느 천국이 더 좋은가?"

남자: "살아있을 때의 천~국…."

문지기: "그런데 왜 그렇게 죽어서 이곳에 오려고 애를 썼는가?"

남자: "아, 다시 한번 기회를 달라."

흔들림 없는 사랑

A가 B라는 남자가 너무 좋아 연인이 되어 살다 보니, 어느 날 옆집 C라는 남자가 또 좋아 보여 B와 헤어지고 C랑 연인이 된다. 그러던 어느 날 C의 남자 친구인 D라는 남자를 알게 된 이후 밤잠을 설쳐가며 빠져들게 된다. 정말 최고의 남자를 만났다는 생각에 C랑 헤어지고 D와 결혼을 한다. 행복했던 결혼 생활이 남자 E를 만나면서 흔들리게 되고…….

생각해보니 이러한 만남은 오래전 초등학교 시절부터 반복되어왔다. 조건과 감정에 의한 만남은 조건에 따라 감정에 따라 변한다. 우리는 이처럼 서로가 서로를 만나고 알아가면서 어느 날엔가 B C D E와 상관없이 내 안에서 나를 만나게 되면서 흔들림 없는 사랑을 발견하게 된다. 만나고 헤어지는 우리의 모든 만남이 결국엔 나를 만나기 위한 과정이다.

새로운 변화

사람들은 새로워지길 원하고 달라지길 바란다. 다른 사람이 했던 직업을 따라 해보면서 새로운 것을 시작했다고 한다. 다른 사람들 또한 내가 했던 일을 하면서 새롭다고 생각한다. 그대는 이미 느끼고 있겠지만 중요한 것은 직업이 아닌 의식적인 변화이다. 10년을 배워도 달라지지 않는 이가 있고, 찰나에 깨달음을 얻는 이도 있다. 물론 그 또한 이 사람 저 사람 이 직업 저 직업을 거치는 숱한 과정을 통해서 그 찰나에 깨달음이 일어났다.

새로운 변화는 그대 안에서 일어난다. 그것을 잡을 수도 있고 스쳐 지나갈 수도 있다. 새로운 것을 찾고 있지만 알고 보면 누군가 썼던 헌것의 재활용일 뿐이다. 새로운 것은 의식적인 전환에서 일어난다.

알리고 싶다면

그대의 사업을 확장하기 위해 그대의 종교를 알리기 위해 건물을 짓는다. 그곳에서 나오는 폐자재를 땅속에 파묻는 것보다 지구를 아끼고 사랑해야 하는 것이 우선이다. 부디 욕심을 버리고 이 땅에서 그대의 사업과 종교를 더 알리고 싶다면 지구가 건강해야 함을 잊지 말아야 한다.

포기

병원에 오래도록 입원해 있던 환자에게 저승사자가 찾아왔다. 죽음이 두려운 환자가 저승사자에게,
"아직 죽을 때가 되지 않았다, 의사가 3개월은 더 살 수 있다고….."
그러자, 저승사자가 말하길,
"죽음은 의사 손에 달려 있는 것이 아니라, 그대가 삶을 포기했기에 내가 온 것이다."

안내

아이들에게 섹스와 거짓말이 죄의식이 되도록 알려주지 말라.
섹스와 거짓말이 죄의식이 되도록 알려주는 것은 잘못 알려주는 것이다.
그대는 섹스와 거짓말에 대해서 아이들이 질문한다면 어떻게 답할 것인가? 건강하게 사용할 수 있도록 안내하고 있는가?

누구에게나

그 사람의 의식 수준에 따라 붙어 다닐 수도 있으며,
들어 왔다 나가기도 한다.
오래된 것도 있고 순간적인 것도 있다.
의식이 성장하고 밝아진다면 쉽게 정리가 된다.
빙의는 누구에게나 해당될 수 있다.
영향을 받을 땐 주위 사람들이
"저 놈 저거 제 정신이 아닌 것 같다."라고 말한다.
성장한 영혼들이 삶의 방향을 안내할 때 코치를 해 주는 경우도 있다.
그러니 두려워할 것은 없다.
중요한 것은 의식 상태이니 늘 깨어 있으라.

척

일을 하지 않고
단지 일하는 척하는 것은 힘들 것이다.
일을 하면 힘들지 않다.
그 순간을 온전히 살 수 있기 때문이다.
척하며 보여주기 위한 것에는 집중이 일어날 수가 없다.
그래서 에너지가 분산된다.
그대가 다른 누군가에게 보여주기 위한 삶을 산다면
외면이기에 언제나 힘들 수밖에 없다.
그대 스스로 그냥 존재한다는 진리를 깨달으면
누군가에게 보여줄 필요가 없다.
무슨 일이든 다 할 수 있고 안 할 수도 있다.
그리고 언제나 조건 없이 만사에 즐겁다.

모순

종교 지도자들은 말한다.
물질을 내려놓으라고 비우라고

그리고 영적인 성장을 위하여 봉사하라고 강요한다.
일요일이 되면 헌금을 내라고 설교를 한다.
그대가 조금이라도 깨어 있다면 이 반대되는 상황을 쉽게 이해할 수 있다.
물질을 내려놓으라고 하면서 헌금을 많이 내라고 한다면
돈을 벌지 말고 헌금은 많이 내라고 하는 것이다.
결국엔 돈을 벌되 헌금으로 내놓으라고 하는 거짓이 숨어있다.
그대가 비우고 내려놓아야 할 것은 물질이 아니라,
그대 속의 수많은 정보들이다.

필요한 만큼 돈을 벌되 돈이 많아서
천국을 가지 못한다는 것은 있을 수가 없다.
종교 지도자들은 계속 그대를 정신 못 차리게 혼란 속에 빠뜨릴 것이다.
부자는 천국에 갈 수 없다.
가난해서 십일조를 내지 못해도 천국에 갈 수 없다.
결국 그 어느 누구도 천국에 갈 수 없다.
주일이면 내야 할 헌금의 종류가 얼마나 많은가? 건축 헌금…….
종교 지도자들조차도 천국을 알 수 없는 혼란 속에서
그대의 혼란은 이중 삼중으로 더욱 가중될 것이다.
어리석고 모순되고 이해할 수 없는 논리이다.

기본적이고 상식적이라면 누구나 이해할 수 있다.
상식보다는 비상식이 아름답지만,
종교의 모순은 상식에도 미치지 못하고 있다.
그 알 수 없는 논리를 이해 정도만 할 수 있어도
지금까지 그대가 지배당했던 함정에서 빠져나올 수 있다.

말도 안 되는 말을 하는 그들이 바보인가
말도 안 되는 말을 듣고 있는 그대가 바보인가.
둘 다 바보이지만 그들보다는 그대가 더 바보이다.
그대 같은 바보들이 있기에
그들 같은 바보들이 그 자리를 차지하고 있는 것이다.

의식이 확장되어 양쪽을 다 볼 수 있다면 더할 나위 없이 자유로울 수 있겠지만 한쪽만이라도 제대론 본다면 그래도 지배로부터의 자유는 얻는다.

3개월

3개월을 사귄 남녀의 대화이다.
여: 내가 복잡하게 해드린 건가요?

남: 그게 아니고 아직 제 이름도 모르잖아요?

여: 이름 같은 게 중요한가요, 그냥 당신이라는 존재를 알고 느낀 사실이 내겐 더 중요해요.

남: 취미가 뭔가요?

여: 내겐 이름이나 취미 대신 왜 지금 만났을까, 이게 더 중요해요.

이제는 남녀 간의 만남에서도 편견과 관습으로부터 자유로워져야 할 때이다

문자왔숑

사람들은 핸드폰을 바라본다. 습관적으로 보기 시작한다. "문자왔숑" 혹은 '진동'으로 상황을 알려주지만, 그와 상관없이 자주 본다. 혹시나 하는 마음으로 볼 수도 있지만 해야 할 일이 없거나 멈춰있는 지루함을 달래기 위해서다.

핸드폰을 바라보듯 자신을 바라보는 것은 어떨까? 내가 어떤 감정 속에 있는지 무슨 생각을 하고 있는지, 밖이 아닌 내면을 보는 시간을 가져야 한다. 어느 날 생각이 내가 아닌 것처럼 분리되어 보인다면 바라보는 자를 만난 것이다.

깜박거림

눈을 자주 깜박거리면 넌 무슨 생각을 그렇게 하냐고 한다.
생각을 멈추면 깜박거림도 멈춘다.
눈을 깜박거리는 것을 멈추면 생각도 멈추게 된다.
멍하게 뜨고 있든지 감고 있든지 자유지만 감고 있는 것이 조금 덜 피로하게 자신을 만날 수 있다.

멈춤

죽을 때 숨넘어간다고 한다.
숨이 넘어가고 나면 몸은 이완이 되고 축 늘어진다.
숨을 멈추는 연습을 해보라
숨이 넘어가듯 텅 비어있는 느낌을 경험하게 된다.
그 순간 과거는 사라지고 새롭게 태어난다.

부러움

우리 모두는 서로를 부러워하며 살고 있다. 요가 트레이너는 돈 많은 중년 회원을 부러워하고 돈 많은 중년 회원은 날씬하고 탄력 있는 트레이너 몸을 부러워한다. 이러한 부러움 때문에 자신을 만날 수가 없다. 젊음을 가졌지만 돈이 없고, 돈을 가졌지만 젊음을 되돌릴 수 없으니, 상대적으로 고통 받고 있다. 자신을 바라보지 못하는 자아 상실의 시대에서 벗어나야 한다. 있는 그대로의 자신을 마주할 수 있을 때 조건 없이 행복하다.

기부

돈이 많고 적은 차이가 아니라 의식의 차이다.
보여주기 위함인지 스스로 우러나와서 하는 것인지
수천억을 가진 자의 기부가 존경받는 것이 아니라
작은 돈을 가지고도 자신의 것을 나눌 수 있다면
그것은 내면의 성숙으로 이어진다.
인터넷을 보면 많은 공인과 기업에 돈을 기부하라는 댓글을 본 적 있다.
누군가에게 기부하라고 명령할 처지가 아니다.
스스로 10원이라도 기부해 본 자들은 그렇게 강요하지 않는다.

가치를 알고 있기 때문이다.
나눔을 체험하지 않고는 그 느낌을 알 수 없다.

신기한 일

어떤 모임에서 들었다며 B가 조심스럽게 A에게 말을 건넨다.
"A가 호텔에서 그룹으로 난잡한 섹스를 했다는 이야기를 들었습니다".
A는 참으로 놀랍고 신기해한다.
A는 "그런 기억이 없는데 그런 소문이 돌고 있군요"
소문을 믿거나 소문을 내고 다니는 사람이 있다면 자신이 걸려 있는 것을 밖으로 투영시키고 있음을 알아야 한다.

조건 없이

우리의 관념적인 행복이란 조건이 되어야 이룰 수 있다.
깨달음이 관통한 행복이란 지금, 그냥, 조건 없이 행복해진다.
행복해지기 위한 이유와 조건이 필요 없다.

언제나

달은 언제나 보름달이었다.
잠시 가려져서 보이지 않았을 뿐이다.
그대를 가리고 있는 관념을 걷어내지 않아도
이미 보름달처럼 완전한 행복이
그대 안에 있었음을 알아야 한다.

연인

내 여자 내 남자
소유가 되면 집착이 일어난다.
집착보다는 존중되어야 한다.
차를 바꾸는 것처럼 연인 사이에도 이별할 수 있다.
떠나는 연인을 존중해 주어야 한다.
사랑보다 자유가 우선되어야 하기 때문이다.
소유당하는 것은 고통이다.
소유하는 것 역시 고통이다.
어느 날 다시 만나고 싶어 할 수도 있다.
자신이 원하면 받아들이고 아니면 NO하라.

이는 자기 자신을 존중하는 것이며
상대방을 존중하는 것이기도 하다.
그렇지만 우리가 만나고 헤어지는 모든 현상이
결국 만남도 이별도 없는 연인을
자기 안에서 발견하는 과정이다.

불행이 깊을수록

에고는 나를 행복하게도 하고 불행하게는 할 수 있다.
그래서 잘못된 것은 아니다.
불행을 통해 곧 행복을 경험할 차례이기에
행복해지고 싶다면 먼저 불행부터 겪어야 한다.
불행이 깊을수록 좋다.
그렇다면 행복 또한 깊이가 있다.
행복을 알고 나면 다가오는 불행을 예측하게 되고
아 행복과 불행은 고정된 것이 아니라, 왔다가 또 가는구나.
행복과 불행을 바라볼 수 있게 된다.
바라보기 시작하면 행복도 불행도
스스로가 만든 관념의 한 조각일 뿐이라는 것을 알게 된다.

그대 책임

모든 사람들이 다 불행의 책임을 다른 사람 탓으로 돌리기만 한다면,
그대 또한 그 혜택을 받을 것이다.
그대 또한 사람들의 다른 사람이기 때문이다.
불행을 다른 사람 탓이라고 하는 사람을 만난다면
불행의 책임은 자신 때문이다라고 말해줄 수 있어야 한다.
그대 불행은 그대 책임이라는 것을 깨달을 때 삶의 방향은 달라진다.

깊어지면

자신을 외면하는 자는 조그마한 소리에도 날카로워진다.
어딜 가든 부딪침에서 벗어날 수가 없다.
내면적으로 깊어지지 않았기 때문이다.
깊어지면 천둥과 번개가 치더라도 그대의 평화를 깨뜨릴 수 없다.

의식만큼

그대가 평화롭다면 세상이 평화롭게 보인다.
그대가 슬프다면 세상도 슬프게 보인다.
세상에 그대의 마음이 투영되기 때문이다.
세상의 문제가 아니라 그대 탓이다.
세상이 변화되길 원한다면 그대 먼저 변화되어야 한다.
그대의 변화된 의식만큼 세상이 보인다.

궁극적인 변화

사람들은 머리를 컷트 하거나 옷을 바꿔 입으면
다른 사람처럼 보인다고 말하지만
이것은 변신일 뿐이다.
마음이 바뀌는 것을 보고도 다른 사람인 것처럼 말하지만
이것 또한 변심일 뿐이다.
궁극적인 변화는 몸과 마음이 아닌 의식적인 깨어남이다.

삶

어제는 되돌릴 수 없는 과거의 죽음이고
내일은 다가오지 않은 미래의 죽음이며
오직 삶은 현재이다.
깨어 있지 않다면 지금 또한 꿈이다.

공허

사람들은 인터넷이라는 정보의 바다에서 허우적거린다.
새로운 기사가 뜨지 않으면 봤던 기사를 보고 또 본다.
공허해서다.
그 공허함을 채우기 위한 갈증이 더 큰 공허함을 만든다.
사실 공허함은 속이 텅 비어있는 상태를 말한다.
비어있는 그 공간에 뭔가를 채우려고 애쓰지 말라.
애씀을 내려놓을 수 있다면 그대 안에서 하늘을 발견하게 될 것이다.
공허를 역설적으로 받아들인다면 허공이 된다.

첫 방문

"명상하면 건강해진다고 해서 왔습니다."
"네 어서 오세요."
"이곳이 종교는 아니지요?"
"네 종교 아닙니다."
"혹시 종교인도 아니지요?"
"네 아닙니다, 왜 그러시는 가요?"
"제가 솔직히 관념이 두꺼워서 내가 믿는 종교 외에는 벽을 높게 쌓아두고 살고 있습니다."
"아 전혀 걱정하지 않으셔도 됩니다."
"건강이 나빠지면 힘들게 살 수는 있겠지만, 명상을 게을리한다고 지옥 가지는 않으니 걱정 안 하셔도 됩니다."
"무서운 말을 하시네요."
"그런가요? 종교에서 늘 듣고 있는 말 아니실까요?"

두 친구

지식적으로 많이 배우고 재산도 많은 부자가 배우지 못하고 가난한 친구의 집을 방문했다. 그곳에서 오래된 시계를 발견하고 훔쳐서라도 갖고 싶어하는 마음이 생겼다. 부자 친구의 마음을 읽은 가난한 친구는 이 시계는 너에게 어울린다며 건네준다. 오직 더 많이 가지기 위해 탐하게 되는 것은 많이 배우고 재산이 많은 것과는 상관이 없다. 마음은 언제나 가난하기 때문이다. 재산이 많은 친구와 달리 가난한 친구는 가진 것이 없기에 잃어버릴 게 없다. 그래서 지키기 위해서 마음을 졸이며 살 필요가 없다.

이 시대의 교육은 경쟁해서 더 많이 가질 수 있는 지식을 전해주고 있다. 알고 보면 가난한 자들을 양성하고 있다.

경쟁

많은 사람들이
이기는 것을 목표로 서로 경쟁하고 있다.
경쟁을 통해서 이기고 지는 것은 없다.
경쟁하고 싶다면 그대 자신과 하라.
그대 자신과의 경쟁이라면 아름답다.
그대 안에서는 쉽게 답을 찾을 수 있기 때문이다.

내일은 오지 않는다

어제와 내일은 지금 이 순간의 그대를 대신할 수 없다.
그대는 매 순간 변화하고 있다. 늙어가고 있으며 죽어가고 있다.
혹은 의식적으로 새롭게 태어나고 성장하고 있다.
어제는 되돌릴 수 없으며 내일은 결코 오지 않는다.
자정이 되기 전의 내일이 자정이 되는 순간 오늘이 된다.
그러니 오늘 이 순간을 살아야 한다.

지능

인간은 주입된 정보에 의해 반응한다.
본능적인 기능보다 과다한 지식으로 인한 지능이 발달되어 있다.
그래서 오장육부의 기능이 약화되고 있다.
본능적인 감각이 약해서 지능의 지배를 받고 있다.
아니다 지능을 과다하게 사용해서 본능적인 감각이 약해지는 것이다.
어떻게 하면 돈을 더 많이 벌 수 있을까, 수단과 방법을 가리지 않는다.
1등이 되기 위해서 지능을 사용하다 보면 본능적인 감각이 약해진다.
그래서 경쟁하는 동안 근심 걱정이 많으면 소화가 안 된다.

이러한 현상이 반복되면서 질병이 시작된다.
돈을 얻겠지만 대신 건강을 잃는다.

감정을 정화하기 위해서 눈물을 흘리는 것은 옳은 일이다.
그렇지만 문제를 해결하기 위해서 상대를 현혹하는 지능적인 울음은
머리를 쓰면서 울어야 하기 때문에 또 다른 부작용을 낳는다.
본능적인 정화를 역행하고 상대도 잃는다.

노세

노세 노세 젊어서 노세
들고 있는 물건을 내려놓는 것은 쉬운 일이지만,
감정이나 기억을 내려놓기는 쉽지가 않다.
매 순간순간 현재라는 찰나만 있을 뿐.
그 찰나의 의미를 아는 사람만이 내려놓을 수 있다.
늙어지면 관념이 두꺼워져 내려놓을 수 없으니,
더 나이 들기 전에 내려놓을 수 있도록 깨우치세.
"노세"는 그냥 놀자는 뜻이 아니다. 내려 "놓으세"라는 의미이다. 젊어서 내려놓으세. 물질과 감정에 집착하지 말고, 지금 이 순간 그냥 내려놓으세.

집착을 내려놓으세, 젊어서 내려놓으세.
늙어지면 내려 놓기 힘드니, 내일이 오기 전에 내려놓으세.
노래하세, 노래하세, 젊어서 노래하세.

춤추세, 춤추세, 젊어서 춤추세, 늙어지면 못 추나니,
늙기 전에 내려놓고 젊어서 비우세.
용서하세, 용서하세, 지금 용서하세.
사랑을 나누세, 젊어서 나누세, 더 늦기 전에 나누세.
죽음이 다가오고 있으니 죽기 전에 어서 내려놓으세.
죽으면 내려놓을 수 없으니 지금 바로 내려 놓으세.
아이와 같은 자만이 천국에 갈 수 있으니
고집스런 노인을 내려놓으세.
지금 내려놓으세.
죽음이 오기 전에 내려놓고 훨훨 자유로워지세.

차이만

모든 건 일어날 수 있는 일이 일어난다.
어떻게 받아들이느냐의 의식적인 차이만 있을 뿐이다.

달

모든 달은 다 보름달이다.
단지 나머지 부분은 어둠에 가려 보이지 않을 뿐이다.
그렇지만 초승달이라고 반달이라고 해도 틀린 것은 아니다.
달, 그 자체는 여전히 보름달이다.
달이 변하는 것처럼 육체가 어리고 병들고 늙지만,
여전히 그대의 근원적인 존재는 어떤 것에도 영향받지 않는다.

출가

기차여행을 하던 어느 날 옆자리 스님과 이야기를 나누게 되었다.
명상을 한다고 하니 명상은 불교의 것이라고 한다.
묵묵히 듣고 있었다.
출가한 수행자가 집 걱정 가족 걱정을 하는 이야기를 듣고
왜 출가했냐고 물었다.
가족을 벗어나서 깨닫기 위해서라고 한다.
가출은 집이 싫어서 나가는 것이고 출가는 출이 먼저이기에 집과 무관하게 나가는 것
진정한 출가는 육체가 어딘가로 이동한다고 되는 것이 아니다.
집, 가족과 상관없이 어디에서나 복잡한 마음을 벗어난다면 출가이다.
바라보는 관점에 따라 깨달음은 달라진다.

여성성

안 사람 바깥 사람
여자들은 안으로 들어가는 것을 좋아하고

남자들은 밖으로 나가는 것을 좋아한다.
여자들은 정이고 남자들은 동이다.
물론 남녀라는 것은 관념이다.
남성 여성이라는 분리된 성은 없다.
의식 상태에 따라 변화의 시작점은 다르다.
안으로 향하는 여성성이 명상에는 도움이 된다.

기도

초대받아 간 집에서
주 기도문을 잘 못 외워 엄마에게 꾸중 듣는 아이를 본 적이 있다.
기도 역시 지능적으로 바뀌고 있다.
학교의 시험처럼 잘 외워야만이 참 종교인처럼 되어 가고 있다.
신은 언어를 통해서 기도를 듣지 않는다.
벙어리도 신과 소통할 수 있다.
전 세계의 언어로 기도 소리를 듣고 있는 신을 상상해보라.
느껴보라.
신은 침묵 속에서만 만날 수 있다.

잘생긴 코

자신의 코가 크고 잘생겼다고 자랑하던 남자가 두들겨 맞았다. 다음 날 코가 뭉개져서 나타났다. 여전히 코에 대한 미련은 남아서 예전의 사진을 보여주며 나의 코는 잘생겼었다고 자랑한다. 깨닫지 못한 이들은 모든 것은 변한다는 사실을 알지 못한다. 변해도 변하지 않았었던 과거의 기억으로 살아간다.

언제나 그들은 과거에 살고 있다. 이처럼 우리는 사람들을 만날 때도 지금 현재로 만나는 것이 아니라, 어제의 기억과 모습을 떠올리며 만난다. 그래서 지금 상대방이 변했다는 것을 모른다. 여전히 과거의 모습을 기억할 뿐이다. 그대는 과거의 산물이 되지 말아야 한다. 그대가 깨어나고 깨어 있다 해도 사람들은 그대의 과거만을 가지고 끊임없이 이야기할 것이다.

전생

전생에 돼지 같은 모습으로 돈을 착취하던 성직자가
이생에서는 잘생긴 사람 같은 형상으로 성직자가 되었다.

형상은 변했지만 돈을 밝히는 것은 여전하다.
이것이 원죄이고 카르마이다.

벗어난 자

살아있으면서 죽은 자와 이미 죽은 자는 다르지 않다.
육체적으로는 살아 있지만, 감정을 나라고 동일시하는 자.
육체적으로 이미 죽은 자.
이들 중 이미 죽은 자가 더 깨달음에는 가깝다.
적어도 육체를 벗어나서 바라보고 있기 때문이다.

관점

채식의 근원은 육식이 될 수도 있다. 동물이 죽으면 거름이 된다. 뿌리를 통해 영양분을 흡수한 과일을 먹는 것과 소가 풀을 뜯어 먹고 난 이후 그 소의 고기를 먹는다면 채식인가? 육식인가? 흡수하는 과정에서 직접과 간접의 차이가 있을 뿐이다. 우리의 의식은 보여지는 부분까지만 한정되어 있다. 모든 것은 연결되어있고 관점에 따라 달리 보인다.

수준

일을 하거나 잘 놀고 나서 좋았다고 하는 반면, 이러저러해서 싫었다고 하는 사람이 있다. 이것이 그 사람의 의식 수준이다

조금이라도

기독교인들은 다음 생이 없다.
죽으면 끝이라고 생각하면서 천국과 지옥을 만들어 놓고 힘들어한다.
끝이라면서 도대체 무엇이 두려운가? 끝인데!
그렇다면 몸이 아니라 죽음 이후에 그곳으로 가는
무엇이 있다는 것을 알고 있다.
육체를 벗어나 천국 혹은 지옥으로 가는
영혼의 존재를 알고 있다는 뜻이다.
불교인들은 업이라는 것을 만들어 놓고 불행하거나 힘들 때

이것도 내 전생의 업이라면서 회피하거나 합리화시킨다.
지금 현재를 사는 그대는 누구인가?
왜 종교는 죽음 이후 혹은 전생을 이야기하며 현재를 가로막고 있는가?
종교는 지금에 대해서는 할 수 있는 말이 없다.
두려움의 정보로 신도를 모은 뒤 못 빠져나가도록
더 두려운 정보를 주입시키고 있다.
우리는 이미 신의 창조물이기에 신의 성질을 포함하고 있다.
이것을 신성이라고 한다.

그대 안에서 신성을 발견한다면
더 이상 종교를 통해서 신을 찾지는 않을 것이다.
왜 그대 안에 있는 신성을 밖에서, 종교를 통해서 찾아야 하는가?
무엇보다 종교는 신성을 발견할 수 있도록 안내하지 않고 종속시킨다.
이미 그대 안에는 종교의 본질인 종교성이 있다.
그대가 종교로부터 벗어나 종교성을 자각한다면
지금보다 풍요롭고 자유로워진다.
조금이라도 떨어져서 바라보라.

부끄러움

TV드라마, 영화를 보면 담배를 피우거나 가슴과 성기에는 모자이크를 한다. 살인을 하는 장면과 전쟁을 통해 자연이 파괴되는 것은 그대로 다 보여주고 있다. 무슨 생각인지 모르겠지만 전체를 보지 못하는 의식이다.

폭탄이 터져 자연을 파괴하는 것과 담배 연기가 건강을 파괴하는 차이를 모르고 있는 것은 분명하다. 무엇이 더 우리의 삶과 건강에 해를 끼치고 있는 것일까? 가슴과 성기에는 모자이크를 왜 하는 것인가? 자연이 파괴되고 헐벗고 있는 것에는 부끄러움도 죄책감도 없는 것일까? 자연이 옷을 벗었으니 모자이크는 그곳에 해야 한다. 교만한 인간들이 부끄러워해야 하기 때문이다. 아마존 정글의 부족들이 가슴과 성기를 드러내고 다닌다고 우리에게 피해를 주는 것이 무엇인가? 그들은 부끄러움을 느끼지 않는다. 성장한 영혼들이기에 수치심이 없다. 그 부끄러움을 우리가 느낀다면, 그들의 문제가 아닌 우리의 왜곡된 사고방식 때문이다.

중국의 숲이 사라지면서 황사 때문에 힘들고 답답하다면, 과연 무엇이 더 건강을 해치고 부끄러운 일인가? 우리가 부딪치는 모든 것은 앞선 세대들의 잘못된 정보 때문이다. 그래서 다음 세대들의 관심사도 누구의 가슴이 크고 더 많이 노출되었는지에 대한 관심을 가질 뿐 자연환경과 전체를 보는 눈엔 무관심하다. 지구가 모든 숲을 벗어 버리는 그 날, 우리는 부끄러워서 숨조차 쉴 수 없는 날이 될 것이다.

이것은

아무것도 아니면서 모든 것이고,
모든 것이면서 아무것도 아닌 것,
이것이 의식이다.

의식

의식은 보여지는 것이 아니라 보이지 않는 것이다.

존재는 사람이나 사물이 현실에서 보여지고 실재하는 차원

새로운 차

죽은 자를 내려놓지 못하고 슬퍼하는 제자에게 스승이
"네가 차 안에서 밖으로 나온다면 그것이 슬픈 일이냐?"
"그렇지 않습니다."
"넌 쓰던 차를 버리고 다른 곳으로 이동할 수 있다. 생명은 육체에만 있는 것이고 존재는 죽지 않는다. 그래서 불멸의 존재이고 무한한 생명, 영원한 생명이다. 새로운 차를 고르듯 새로운 육체로 곧 태어날 것이다. 그렇다면 무엇이 슬픈 일인가?"
"제자가 깨어 있지 못한 것이 슬픈 일입니다."

분리

명상 시 존재가 깨어나면 생각과 감정, 정체된 에너지가 사라진다. 명상이 깊어지면 몸에서 분리되는 의식을 알 수 있다. 그 순간 손발이 차가워지기도 한다. 분리됨을 통해 바라보는 자의 의미를 알 수 있다. 분리되어 바라볼 수 있다면 그때 모든 것에서 자유로워진다.

깨어 있는 의식은 복잡함이나 피곤한 것이 아니라 매 순간 맑고 명료하다. 그대의 존재함은 다양하다. 육체만큼, 마음만큼, 우주만큼 살 수 있다.

이웃을 사랑하라

종교인들은 신의 사랑을 편협하게 만들었다.
이웃을 사랑하라는 것은 이웃에 대해 알거나 모르거나 상관이 없다.
그렇다면 네가 잘 아는 이웃만 사랑하라고 했을 것이다.
그 이웃이 자신과 같은 종교를 믿건 아니건 사랑하라는 뜻이다.
편견 없이 사랑하고 자비로워야 한다.
그대의 종교는 권위적이고 배타적이며 정치적이다.
이웃을 사랑하라는 계명은 부분이 아니라 전체적이고 실제여야 한다.

그냥한다

마음은 선택하고 선택을 강요한다.
존재는 그냥 한다.
존재는 두 가지가 보이지 않는다.

일어나는 대로 그냥 하기에 하나만 보인다.
비교할 상황이나 대상이 없기에 후회하지도 않는다.

아무것도

마음을 쓰면 존재의 느낌이 사라진다.
존재의 깨어 있음이 지속되면 육체보다 더 큰 비존재를 경험하게 된다.
더 깊어지면 아무것도 없는 허공이 된다.

이념

일본 식민지에 대한 피해의식을 내려놓아야 한다. 6.25 전쟁에 대한 피해의식도 내려놓아야 한다. 부디 과거를 내려놓아야 현재를 살 수 있다. 정치적인 이념에 의해 더 이상 고통 받지 않아야 한다. 무거운 기억을 자녀들에게까지 대물림 하지 않도록 해야 한다. 내려놓을 수 있다. 그냥!

느껴보라

나는 누구입니까? 존재입니다. 있는 그대로 그냥 존재합니다.

지금, 이 순간 행복하기 위해서는 무엇이 필요한가? 아무것도 필요하지 않다. 조건은 사람마다 다 다르고 바라는 것도 다르다. 필요했던 조건들은 있다가 곧 사라진다. 조건에 의해 만들어진 행복도 함께 사라진다. 어느 날엔가 조건 없이 행복할 때 깨달은 것이다.

멈춤

마음은 뒤처지면 추월하기 위해서 힘들다. 앞서가면 뒤에 따라오는 경쟁자들 때문에 힘들다. 추월함도 경쟁에서도 벗어나라. 지금 달리고 있는 길을 잠시 멈추고 지켜보라. 나는 어디쯤 가고 있는지

다른 차원

몸의 형상 속을 지나고 마음을 지나면 내면으로 통하는 문이 열린다.

그 길을 따라 뒤돌아보지 말고 깊이 들어가면 이 세상에서 벗어나는 차원에 이른다. 그곳이 느껴지면 그냥 뛰어내려라!

음악을 들으며

몸에게 움직이라고 명령을 하고 움직여 보라.
조금 빠르게, 빠르게, 좀 더 빠르게, 아주 빠르게
천천히, 좀 더 천천히, 아주 천천히, 멈춰를 반복한다.
명령 없이 몸이 움직이지 않도록 한다.
빠르게도 느리게도 반복하면서 움직이다 보면
몸의 감각이 조금씩 깨어난다.

몸을 움직이면서 깨어 있음을 경험하는 것이 쉽지 않지만, 반복하다 보면 감각이 깨어난다. 몸과 마음이 분리되면서 이완된다. 이제 움직임을 멈추고 흐르는 음악이 몸을 통과하는 것을 느껴보라. 졸음이 오기도 하지만 내가 아닌 몸이 졸고 있다. 졸고 있는 몸을 지켜보는 그 존재함이 나이다.

몸의 움직임을 명령하고 움직이는 알아차림을 통해서 마음의 감정도 명령하고 조절할 수 있음을 깨닫게 된다. 일어나는 두려움, 분노, 외로움을 명령을 통해 변화시킬 수 있게 된다. 그리고 오래된 기억 속의 모습을 떠올리며 지워나갈 수 있다. 그러한 과정을 통해 가볍고 자유로워질 것이다.

몸의 움직임 속에서도 움직이지 않는 그 무엇이 있다. 허공 속에 에너지의 기둥 같은 것을 느낄 수가 있다. 수많은 감정 속에서도 움직이지 않고 지켜보는 것을 알 수 있다. 몸과 마음, 우주를 지켜보고 바라보는 것. 그 자체가 우주와 하나인 존재함이다.

변형

모든 존재는 죽거나 없어지는 것이 아니라 변형된다.

순환

들소가 풀을 먹고 그 들소를 사자가 먹고 사자가 죽어서 나무의 거름이 되고 사과가 떨어져 풀의 거름이 된다. 다시 그 풀을 들소가 먹는 순환 속에 있다.

균열

관계 속의 수많은 부딪침을 통해 균열이 일어난다. 그 균열을 통해 감정이 떨어져 나간다. 떨어져 나가는 그 틈 사이로 찬란한 빛이 새어 나온다. 그러니 부딪침을 즐겨라 불편한 관계를 통해 갈등하고 갈라서고 깨지면서 새롭게 태어난다.

균형

집착이 아니라 사랑입니다.
경쟁이 아니라 평화입니다.
관계가 아니라 교류입니다.
어느 한쪽이 나은 것이 아니다.
반복되는 과정 속에서
어느 것이든 다 좋다.
균형을 맞추기 위한 과정이다.

깨어남

마음은 오래된 습관을 바꿀 수 없다. 마음이 만든 것이기 때문이다. 그래서 작심삼일이라는 말이 있다. 마음은 마음을 변화시킬 수 없다는 뜻이다. 오직 존재가 깨어났을 때 그때 습관을 바꿀 수 있다.

세 개의 눈

보이는 눈(육체). 감정의 눈(마음). 보이지 않는 눈(영혼)

무한한 존재

갈대, 바람, 새, 구름, 비, 바위, 강물, 바다, 수증기, 하늘
존재는 무엇이든지 될 수 있고 무엇이든지 할 수 있다. 갈대처럼이 아니라 갈대가 된다. 할 수 없다는 것은 마음의 판단이다. 비어있는 존재

는 무엇이든지 될 수 있고 무엇이든지 할 수 있다. 그래서 존재 그 자체를 무한한 존재, 영원한 존재, 완전한 존재라고 한다.

영원

존재는 육체를 가지고 서 있거나 앉아있거나 누워있기도 하지만, 궁극적인 존재 그 자체로는 앉아있거나 서 있거나 누워있는 것이 아니다. 어떠한 행위와 상관없이 지금 이 순간, 그냥 존재할 뿐이다.

생각, 몸, 감정은 변하지만, 존재는 변함이 없다. 존재는 어제라는 과거도 내일이라는 미래에 있는 것이 아니라, 지금 이 순간에 있다. 매 순간에 존재한다. 그 순간 아무 생각이 일어나지 않는다면, 영원을 느낄 수 있다. 그 영원함 속에는 시간이 사라지기도 하지만, 무한한 시간이기도 한다.

숨

숨을 들이마시고 몸이 팽창되고 숨을 내쉬면서 몸이 수축하는 것을 관찰해보라. 숨을 들이마시고 아랫배로 에너지가 모이고 숨을 내쉬면서 머리 위가 확장되는 것을 관찰해보라.

1. 숨을 들이마시고
2. 약간 멈추고
3. 숨을 내쉬고
4. 약간 멈추고

이 느낌을 관찰해보라. 들이마시고 난 뒤 멈추는 시간을 조금씩 늘려 가도록 해보라. 멈추는 시간이 길어지면 몸이 사라지고 생각이 사라지고 감정도 사라진다. 피부 표면이 사라지고 몸 안의 존재와 몸 밖의 존재가 하나로 연결되고 거대한 의식만 남게 된다. 존재는 거대한 허공이다.

그저 숨이 들어오고 나가는 것을 지켜보면서 숨과 상관없이 존재하는 것을 알아차리게 될 것이다.

호흡명상이 깊어지면 거칠거나 답답하거나 날카롭지 않고, 하나의 고요한 호흡만 남게 된다. 생활 속에서 분노와 미움, 불안하거나 두려움이 일어나도 호흡명상처럼 멈춘 듯 편안한 일상이 된다.

그렇지만 괜찮다

몸이 아파도 존재는 괜찮다.
마음이 괴로워도 존재는 괜찮다.
삶이 힘들어도 괜찮다.
어떠한 조건과 상관없이 이미 괜찮다.
과거는 힘들었어도 존재는 괜찮다.
현재 또한 당연히 괜찮다.
미래가 불안해도 괜찮다.
그 미래의 내일이 다가와도 괜찮다.
그래서 언제나 괜찮다.
존재를 깨닫고 나면 모든 것이 다 괜찮아진다.

평화

총을 들고 평화를 이야기하는 정치가와 고요한 침묵 속에 명상을 하는 명상가의 차이를 아는가? 한쪽은 보여주기 위한 평화를 이야기한다. 다른 한쪽은 내면의 평화를 이미 찾았고 그 평화를 파장으로 나누고 있다.

조건

부모가 나서서 맺어주는 사랑, 친구가 나서서 맺어주는 사랑, 전문적인 중매인이 나서서 맺어주는 사랑, 조건이 비슷한 사람끼리 서로 만나겠지만, 결국엔 그대 자신을 만날 때까지, 그러한 조건적인 사랑은 반복한다.

아름다운 유언

바닷가 이름 모를 해변에 앉은 채 죽은 스승이 있다. 그 옆에는 이런 유언이 적혀있다. '나의 육체가 숨을 쉬지 않고 죽음을 맞이했으니, 바닷속에 던져주길 바란다. 내가 바다를 통해 깨달았으니, 육신은 물고기들에게 보답하려 한다'

이런 제안

A의 아버지와 B의 아버지는 50년 전부터 원수 지간이었다. A는 현명하여 B에게 제안을 한다. 우리의 아버지들은 원수로 살아왔지만, 우리는 그렇게 살아서는 안 된다. 우리는 과거가 아닌 지금 현재를 아름답게 살자.

오늘

우리 모두에게 내일은 없다. 오늘이 노래하고 춤추기에 가장 좋은 날이다. 지금 바로 축제의 날을 만들자.

낯설게

자기 이름을 부르면 다른 사람을 부르듯 객관적인 분리가 일어나고 낯설게 느껴진다. 그렇게 낯설게 들리는 것은 이름 자체가 내가 아니기 때문이다.

공생

TV 프로그램에서 코끼리들이 코를 이용해 마른 강바닥을 헤집고 물을 찾아서 먹고 떠나면 원주민들이 그 물을 먹는 것을 본 적이 있다. 원주민들이 물을 발견하여 먹고 난 뒤, 다른 동물들을 위해서 땅속 깊은 곳에 있는 물을 올린 뒤 이동한다. 그리고 나면 코끼리와 다른 동물들이 물을 먹는다. 코끼리와 인간이 물을 나눠 먹으며 서로 공생하고 있다. 서로 존중하는 모습은 은혜로웠다.

연습

마음먹기에 달렸다는 말이 있다. 마음은 과거를 바탕으로 하는 집착된 에너지이다. 그래서 마음은 과거의 기억들이 쌓인 창고와 같다. 창고에 쌓인 기억을 반복하게 된다. 그러한 습관을 바꾸고 싶다면, 과거의 기억에게 묻는 대신 지금 그냥 하는 연습이 필요하다.

손님

물건 파는 장사의 이야기를 들은 적이 있다. 첫 손님에게 흥정을 하고 팔지 못하면 하루 종일 장사가 안 된다는 말을 했다. 그 사람의 기억 속에는 지난날 장사를 시작하고, 이른 시간에 손님과 다투고 물건을 팔지 못한 기억이 있다. 과거의 기억이 중심이 되어 그를 지배하고 있다. 그래서 현재의 손님을 놓치고 있다. 의식이 깨어 있는 자만이 과거를 내려놓고 매 순간 처음처럼 살 수 있다.

　손님은 물건을 사기 위해서 가게를 방문한다. 그러므로 늘 처음이고 마지막 손님인 것처럼 존중하라. 물건을 구입할 사람은 과거나 미래에 있는 것이 아니라, 지금 그대 앞에 있는 그 사람이다.

존재의 이유

　이 세상에 아무짝에도 쓸모없는 땅은 없다. 그 아무짝에도 쓸모없는 땅들이 하나씩 사라진다면, 어쩌면 지구는 곧 사라질지도 모른다. 가치는 그대가 판단할 일이 아니며, 우주 차원에서는 모든 것이 존재의 이유가 있다.

그냥 살기

　크게 바란다면 크게 실망할 것이다. 실망을 원치 않는다면 바라지 말고 그냥 하라! 바라지 말고 사랑하고, 바라지 말고 노래하고, 바라지 말고 춤춰라. 바라지 말고 놀아라. 바라지 말고 먹어라. 바라지 말고 입어라. 바라지 말고 살아라. 바라지 말고 웃어라. 그냥 살아라.

바라지 않는다는 것은 긴장하거나 심각해지지 말고, 즐기라는 의미가 담겨있다.

한계란 없다

겨울을 지내기 위해 매서운 바람과 맞서 히말라야 산맥을 넘는 새의 이야기를 TV 프로그램으로 본 적이 있다. 여러분들은 인생의 겨울을 지내기 위해서 어떤 준비를 하고 있는가? 포기하겠는가? 한계를 넘어서고 있는가? 오직 넘어서고 났을 때만이 한계 없음을 깨닫게 된다.

나를 위해서

지금, 이 순간 그 사람이 진심으로 용서를 구한다면, 진심으로 용서하라. "너 나한테 옛날에 이렇게 했잖아."를 내려놓고, 지금 이 순간을 살아야 한다. 그 사람이 아닌 나를 위해서이다. 우리는 매 순간 변하고 있다는 진리를 아는가? 몸도 마음도 의식도 매 순간 변하고 있다. 그 순간을 사는 자만이 깨달을 수 있다.

거위 아빠

쿵푸 팬더에 보면 거위 아빠가 팬더 곰을 자신의 아이처럼 사랑으로 키운다. 핏줄보다 의식으로 대할 수 있을 때 우리 모두는 하나가 될 수 있다.

용의 문서

쿵푸팬더에서 용의 문서에는 특별한 비법이 아무것도 없다. 스스로 답을 가지고 있다는 뜻이다. 그저 자신이 특별하다고 확신만 하면 된다. 그것은 모든 것을 비웠을 때 분별없이 가능하다. 그래서 "앞뒤 재지 말고 움직이라"고 말한다. 과거의 정보로 비교하거나 판단하지 말고 직관의 힘을 사용하라.

위급할 때

몸이 아프고 마음이 상처받고 생활이 힘들고 괴로워야 명상을 찾아온다. 다름 아닌 내려놓고 비우기 위해서이다. 그런 사람을 때가 되었다, 준비가 되었다고 한다. 위급함을 통해서 존재는 깨어난다.

애쓰지 말라

애를 써서 하면 실망을 하게 될 것이다. 애를 썼기 때문이다. 그냥 해라. 그냥 하는 것은 그냥 했기 때문에 실망할 이유도 바라는 것도 없다.

폭주명상

폭주족 그들은 명상을 경험하고 있다. 마음을 멈출 수가 없기 때문에 빠른 속도를 낸다. 그 순간 마음은 정지한다. 모든 생각과 감정이 사라지는 것을 체험한다. 빠른 속도에서는 아무 생각도 할 수가 없기 때문이다. 생각이 복잡하면 사고가 난다. 생각이 멈추는 그 순간 명상을 경험하고 있는 것이다. 텅 비어 있는 존재, 그 자체의 환희심이 좋아서 폭주를 한다. 과거나 미래가 아닌 지금, 이 순간 텅 빈 그대를 만날 수 있기 때문이다.

소유물

그대는 남편의 소유물이 아니다. 그대는 아내의 소유물도 아니다. 그대는 물건처럼 그 누구의 소유물도 아닌, 그대 자신일 뿐이다. 소유의 개념은 육체를 두고 마음에서 일어난다.

웃다 보면

웃다 보면 내 얼굴에 묻어있던 슬픔의 기억이 사라진다. 두려움이 사라진다. 웃다 보면 조건에 의해 기뻐하고 슬퍼하든 기억들이 사라진다. 웃다 보면 이유도 조건도 없이 그냥 웃고 있는 자신을 마주하게 된다.

그냥

기쁠 때는 누구나 웃어요.
이제 그냥 한번 웃어봐요.
기분이 좋아져요.
이유 없이도 웃을 수 있어요.
웃다 보면 자기를 사랑하는 힘이 생겨요.
가슴으로 웃고 가슴으로 노래해요.
즐거운 상상 행복한 상상을 하며 웃어봐요.
웃다 보니 행복해요.

시작하는 순간

그대를 사랑한다면 그대에게 무슨 말을 해주고 싶은가?
그대는 무슨 생각을 하고 무슨 감정을 사용하고 있는가?
한 번쯤 머릿속 그 쓰레기들을 비우고 싶지 않은가?
있다면 지금 당장 명상을 시작하라!
시작하는 순간 그대는 이미 과거의 그대가 아니다.

돈이 없어도

명상을 하기 위해 센터를 찾아오는 사람들은 육체적 정신적 금전적인 고통과 시련을 가지고 찾아온다. 쉽게 말해서 마음이 힘든 멘붕 상태로 마음의 균열을 통해 이제 명상을 할 준비가 되었다는 뜻이다.

다음으로 오는 사람들은 물질적으로 아주 풍족한데 행복하지가 않은 사람들이다. 지금 그대에게 이 세상의 모든 돈을 다 준다고 하면 그대는 행복하겠는가? 결코 행복하지 않음을 확신한다. 왜인가? 행복은 끊임없는 조건들이 충족되어야 하기 때문이다. 그대는 돈의 권력을 이용해서 아름다운 이성을 찾을 것이다. 그리고 평소 갖고 싶었던 승용차를 구입해야 한다. 시간이 지날수록 이성의 단점이 보이기 시작한다. 그리고 새로운 차를 또다시 구입해야 하는 것처럼, 그대의 마음은 결코 만족을 모른다. 그래서 계속 새로운 것을 찾아다닌다.

미국의 상류층에서 왜 동양의 명상에 열광하겠는가? 물질적인 것으로는 결코 만족할 수 없는 부분을 명상이 해결해 주기 때문이다. 그들은 돈을 많이 가진 가난한 사람들이었지만 돈이 없어도 풍요로울 수가 있음을 알고 매료되어있다. 지금 그대에게 돈이 없어도 조건과 상관없이 풍요로울 수 있다. 지금 명상을 시작하라.

지켜보라

내 몸이 지금 호흡을 하고 있다.
내 마음에서는 이러이러한 감정이 올라오고 있다.
이러한 현상들을 지켜보라.
얼음이 녹듯이 몸이 사라지고
바람이 지나가듯이 마음이 사라진다.
이제 허공처럼 존재만 남게 된다.
몸에 졸음이 와도 잠이 들어도 존재는 항상 깨어 있다.
몸이 졸고 있는 것을 지켜보라.
그저 지켜보면 된다.

계단

그 길은 오르는 만큼 그대의 성장이 될 것이다. 에고는 그대보다 나은 사람이 계속 나올 수 있지만, 내면으로의 여정엔 성장으로 경쟁하지 않는다. 조건이나 환경도 탓하지 않으며, 그저 오를 뿐이다. 비가 오면 비를 맞으며 바람이 불면 바람이 부는 대로 그 순간에 그저 존재할 뿐이다. 다 오르고 나면 오른다는 것도 없었음을 알게 된다.

존재의 눈물

나의 존재를 알게 되는 날, 남북 이산가족이 만나는 것보다 더 많은 눈물을 흘리게 될 것이다.

요람명상

허리를 바르게 세우고 앉아 요람의 움직임처럼 척추를 좌우로 왔다 갔다 하라. 그리고 몸이 왼쪽 오른쪽으로 왔다 갔다 움직이는 것을 느껴 보라. 몸은 왔다 갔다 하는 동안 감각이 깨어나면서 몸이 움직이는 것을 지켜볼 수 있게 된다. 몸은 움직이지만, 그 움직임을 벗어나 지켜보는 자가 있음을 깨닫게 된다. 그렇게 지켜보는 자가 그대이다.

허공

몸 안에 흐르고 있는 에너지의 흐름을 느껴보라. 피부를 타고 에너지가 퍼져나가고 있다. 그 에너지를 따라 몸이 조금씩 깎여 나간다. 몸이 바람에 날리듯 흩어지면서 조금씩 사라진다. 몸이 사라지고 생각도 감정도 사라지면서 허공이 된다. 그 허공을 바라보는 자 지켜보는 자를 느껴보라. 바라보고 지켜보는 자가 그대이다. 눈을 감고 있어도 바라볼 수 있고. 입을 닫고도 말할 수 있고. 귀가 없어도 들을 수 있다. 그대는 몸이 없어도 생각이 없어도 마음이 없어도 존재한다. 공기와 하나되고 돌, 나무, 강물과 하나가 된다. 소유, 집착, 지배가 사라지고 이해가 되고 용서가 되고 사랑이 된다. 언어로서는 설명할 수 없는 존재함을 경험한다.

아이처럼

어떤 사람이 그와 사이가 좋지 않았던 이가 넘어지는 것을 보고 웃는 것을 본 적이 있다. 넘어진 이는 주위를 살피며, 고통 반 창피함 반으로 묘한 동작과 표정으로 그 자리를 급히 벗어났다.

우리는 길에서 낯선 사람이 넘어져도 고개 돌려 웃거나, 소리를 죽여 가며 웃는 경우가 있다. 그 웃음은 대상의 아픔을 통해 웃음을 얻지만, 남의 고통을 통해 웃을 수 있다는 것은 곧 내가 고통스러울 때에도 남들이 웃을 수 있도록 원인을 제공하는 것이다.

어느 날 길에서 넘어지고 일어서면서 웃는 아이를 본 적이 있다. 그것은 신선한 충격이었다. 넘어져도 웃을 수 있다는 그 아이는 고통이 아니라, 특별한 경험과 즐거움이었다. 그 아이에게는 넘어지면 창피하거나 고통스러워해야 한다는 정보가 없었다.

우리 모두 넘어질 때마다 아이처럼 웃어보기로 문화를 바꿔보자. 다른 사람이 넘어질 때도 일어날 수 있는 것에 응원을 보내자. 삶을 바라보는 관점이 달라지면, 어디에서나 즐거움을 찾을 수 있을 것이다. 이제 세상이 온통 웃음으로 가득할 날이 오고 있다.

씨앗

고통이 두려워 술을 마시는 것은 있는 그대로 바라볼 힘이 부족하기 때문이다. 그래서 고통을 피할 수 있는 다른 무엇인가를 찾게 되지만, 환각 상태로 사는 것은 반복되고 중독될 수밖에 없다.

마음은 조건이 맞아야 즐겁고 행복해진다. 그러나 조건에 의한 즐거움과 행복은 반복되는 갈증만 더 키워갈 뿐이다. 자각하라! 고통과 시련도 부정도 힘듦도 웃음이 되고, 행복의 씨앗이라는 것을. 변화의 시작은 어떻게 바라보느냐이다.

두 종류

강연자들은 쉼표를 잊고 끊임없이 말을 하면서 머리로 이해시키려고 한다. 대중들이 좋아하는 말과 자극적인 표현으로 마음을 움직인다. 말을 멈추면 흐름이 끊어지고 청중들은 어색해하면서 딴짓을 하기 때문이다. 흐름이 끊어지면 청중들보다 강연자가 먼저 어색해하거나 두려워한다. 명상가들은 많은 말보다는 오히려 눈을 감게 하여 마음의 흐름을 끊는다. 강연자가 아닌 청중 스스로를 바라보도록 안내하면서 가슴으로 에너지를 교류한다. 그리고 말보다는 침묵을 통해 가슴이 열리도록 안내한다.

세 가지 눈

창문과 같은 육체의 눈,
판단하고 비교하는 마음의 눈,
있는 그대로 바라보는 존재의 눈

나는 누구인가

이름도 성별도 나이도 아니다. 나는 누구인가라고 질문하는 것이 나이며, 나는 누구인가 질문하지 않아도 존재하는 자이다. 나는 누구이다라고 대답하지 않아도 존재한다. 나는 텅 비어 있는 에너지이며 거대한 침묵이다. 지금 이 순간 이곳에 현존하는 자이며, 침묵 속에서 바라보는 자이다.

침묵이라고 이름 붙이기 이전의 상태이며 바라보지 않아도 이미 있어 왔다. 나는 존재 그 자체이며 몸도 마음도 없는 무형의 에너지이고 전체이다. 그저 텅 빈 우주이고, 빛과 에너지로 존재할 뿐 그 무엇이라고도 말할 수 없는 나이다.

세 가지 소리

지금 말하고 있는 그대는 누구인가?
몸의 소리인가?
마음의 소리인가?
존재의 소리인가?

춤

안무와 춤은 다르다.
주위를 의식하지 말라.
박자도 의식하지 말라.
그저 자연스럽게 움직이면서 리듬을 타라.
그렇다면 아름다운 춤이 된다.

존재 그 자체

존재의 귀로 들으면 감정이 일어나지 않는다. 존재의 코로 맡으면 만물의 향기를 느낄 수가 있다. 존재의 입으로 말하면 사랑과 자비가 된다. 존재의 눈으로 바라보면 있는 그대로 신비롭고 아름답다.

존재함으로 느껴라. 그 속에 모든 것을 담아라. 존재는 모든 것을 담을 수 있다. 존재는 모두가 각자 그곳에 존재하고 있다.

엄지발가락 족

이런 부족이 있었다.
태어날 때부터 엄지발가락은 누구에게도 보여주지 않는 오래된 관습이 있다.
보여주었다면 부끄러움에 평생 동안 수치심을 느끼는 부족이다.
그들은 가슴을 가리는 브레지어나 성기를 가리는 팬티 따위는 입지 않는다.
보여지든 아니든 그렇게 중요한 부위가 아니다.

어렸을 때부터 어떠한 정보에 세뇌되느냐에 따라 삶의 방향은 이처럼 달라진다.

다행이 그대는 엄지발가락을 꽁꽁 싸매고 다닐 필요는 없다.

그렇지만 팬티 따위는 입고 다녀야 하는 부족이다.

어느 날, 엄지발가락 족이 있는 곳으로 여행을 떠날 기회가 생긴다면

엄지발가락이 드러나지 않도록 테이프 혹은 헝겊을 준비해서 갈 수 있어야 한다.

그들이 부끄러워하지 않도록 존중해야 한다.

이 글을 통해서 깨달음을 얻었다면 세상의 두꺼운 관념과 구속에서 벗어나 이미 자유로워져 있을 것이다.

6학년

초월은 세상 속에 살지만 세상을 벗어난 자

다 사라진다

그대가 집착하는 모든 것은 다 사라진다.
가지려고 하지 않아도 된다.
내려놓을 때 이미 그대의 것이다.

집착하지 말라

행복과 기쁨만 원하고 있다면 상대적인 불행과 슬픔 없이는 행복과 기쁨이 존재할 수 없다. 불행과 슬픔을 겪지 않았다면. 다가오는 행복과 기쁨을 알 수 없다. 지금 불행하고 슬픔으로 가득하다면 곧 행복과 기쁨이 찾아온다. 지금 행복과 기쁨 속에 있다면 곧 불행과 슬픔이 올 것이니 행복이든 불행이든 그 어디에도 집착하지 말라. 두 가지 감정을 오가며 경험하는 것은 어느 한 곳에도 집착하지 않는 초월을 깨닫기 위함이다.

명상은

세상을 벗어나는 것이 아닌
나를 초월하는 것이다.
내가 없는 내가 되기 위한 과정이다.

아래로

아랫배에 손을 얹고 집중하여 호흡해보라 코로 숨을 들이마시고, 입으로 천천히 내쉬는 것을 반복해보라. 머리는 제 할 일을 잊고 조용해진다. 호흡을 아랫배로 내려라 충분한 이완으로 편안하고 풍요로워진다. 반복되는 호흡을 통해서 몸에서 벗어나는 신비로운 경험이 기다리고 있다.

현존

현존 속에는 이미 지나간 과거도 다가오는 미래도 다 포함되어 있다. 그래서 현~존이다. 현존은 편협한 시각으로 지금 이 순간을 사는 것이 아니다. 지금 깨어 있다는 뜻이다. 깨어 있기에 모든 것을 다 본다는 의미가 담겨있다. 과거, 미래로 분리된 삶이 아닌 전체적인 삶이 된다.

흐르지 않는다

　부처님 오신 날, 아기 예수 탄생일, 우주의 시간은 그저 흘러간다. 더 깨어 있는 의식으로 바라본다면, 시간은 흐르지 않는다. 인간계는 달력을 만들어 반복하게끔 억지 설정을 하고 있다. 생각해 보라. 그대들이 태어난 생일은 이미 지나가고 없다. 나이를 먹고 성장한 그대가 어떻게 과거의 그날이 되어 다시 태어난 날이 될 수 있겠는가? 그래서 착각 속에서 살고 있다. 그리고 아쉬움 속에 다가올 다음 생일을 기다리고 있다. 어쩌면 그리스도와 부처님 가신 날을 기념하는 게 낫다. 가셨기에 더 이상의 미련이 남을 수도 없다. 이별의 시간이 더 간절하게 성장하는 계기가 될 수 있겠지만, 착각이다. 그대가 의식적으로 완전히 깨어나는 날 시간은 흐르지 않았다는 것을 알게 될 것이다.

영원한 소멸

　세상에는 살아 있지만, 죽은 자들이 많다. 그들은 죽음을 두려워하고 있다. 예수가 말한 이미 죽어있는 자들이다. 생각과 기억, 감정을 나라고 생각하는 자들이다. 그들은 이미 죽어있기에 더 이상 죽을 수가 없는 자들이다. 살아 있어야 죽을 수도 있기 때문이다. 반면 나라고 생각했던 내가 영원하게 죽어서 소멸된 자들도 있다. 의식적으로 깨어난 그들은 더 이상 반복해서 태어나는 것에서 벗어난 자들이다.

새로운 탄생

태양이 지는 석양빛처럼 죽음은 아름답다. 그리고 다음 날 새로운 태양으로 아침을 연다. 죽는다는 것은 새로운 탄생을 위한 준비 과정이다. 굼벵이가 매미가 되기 위한 과정처럼, 인간의 죽음도 육체를 벗고 성장한 영혼으로 부활한다.

예수의 부활은 육체적인 부활이 아니다. 인간계를 벗어난 영적 세계로의 부활이다. 그렇다면 임상실험을 경험한 자들도 부활이다. 그들은 죽음을 잠시 체험한 것이다. 그리고 천국을 다녀왔다고 말하고 있지만, 누구나 예외 없이 죽음을 맞이하면 그것을 경험하기에 특별한 것이 아니다. 그들에게서 예수와 같은 궁극적인 변화는 없다. 여전히 천국과 지옥을 말하고 있기 때문이다. 예수의 부활에는 천국과 지옥이 분리되어 있지 않다.

그때

안정되고 편안한 삶은 죽어있다. 그래서 죽어있던 삶에 활기를 느낄 수 있도록 곧 위급함이 찾아온다. 그리고 그때 그대는 깨어난다.

오직

스승이 같은 노래를 반복해서 계속 틀어주었다. 제자가 왜 같은 노래만 나오냐고 짜증을 낸다. 스승이 말하길,

"나는 반복해서 틀지 않았다. 네가 현존하지 않았을 뿐이다. 오직 지금 이 순간을 노래하고 춤춰라."

시한부 인생

인간은 오래 살 것처럼 알찬 미래를 준비하며 산다.
그렇지만 인간은 모두 시한부 인생이다.
피해갈 수 없는 죽음이라는 불치병에 걸려 있다.
그 누구라도 태어나는 순간 죽음을 피해갈 수 없기 때문이다.
죽음이 기다리고 있다면, 지금의 가치는 달라질 수밖에 없다.

미지의 세계

마음은 안정적인 것을 원하지만,
진리의 길에서는
계획할 수 없고 예측할 수 없는 일들이 일어난다.
습관적인 것들이 파괴되고 낯선 상황과 마주해야 한다.
진리는 미지의 세계이고 탐험의 연속이다.
낯설지만 신비롭다. 위급하지만 고요하다.
그 길에서 마음은 사라지고 존재는 깨어난다.
마음으로는 이해할 수 없다.
그 길은 마음 너머에 있기 때문이다.

리듬

숨을 들이마시고 내쉬고 콧구멍을 잡아보라. 내쉬었다면 다음은 들이마시어야 한다. 순환되는 이것이 진리이다. 힘들면 좋은 일이 오고 좋은 일이 왔으면 힘든 일도 오기 마련이다. 좋은 일에만 집착하여 그것을 지키기 위해 애를 쓰다 보면 리듬이 깨진다. 그때 질병이 찾아온다.

알 수 없는

알 수 없는 뭔가가 있을 때는 알 수 없는 그 뭔가로 남겨 두자. 그것은 우리가 쓰는 언어로는 확인할 수도, 표현할 수도 없지만, 여전히 알 수 없는 뭔가로 남아있다. 알 수 없는 그 뭔가로 바라볼 수 있을 때, 그때 알 수 있다.

질문과 답

질문하는 것도 내가 아니며, 답을 하는 것도 내가 아니다. 질문하고 답하는 것을 지켜보는 것이 나이다.

평범

명상을 하면, 드러나지 않는 평범한 사람이 된다. 이미 행복한 자이다. 에고가 사라졌기에 더 이상 특별함이 필요 없다. 에고는 특별함을 쫓고 있다. 평범함 속에서는 에고가 적응할 수 없다.

순간의 가치

우리는 순간을 바탕으로 살고 있다. 순간적으로 살인을 하고 죄인이 되기도 한다. 어떤 만남 속에서 그 순간의 모습을 통해 존경하는 이를 발견하기도 한다. 그래서 그 순간이 영원이 되기도 한다. 순간이 빠진 영원은 없다. 결국 우리가 살 수 있는 시간은 순간뿐이다. 지금, 이 순간 그대의 육체가 살아 있거나 그대의 육체가 죽을 수 있는 것도 그 순간에서만 가능하다. 그 순간의 가치를 안다면, 지금까지 모르고 지나쳐 왔던 것들이 새롭게 다가온다. 그것이 깨달음이다.

루시

아나타 과정을 하는 중 미팅 장소에서 맞은편에 앉은 상대방의 육체가 사라져서 연락을 해 온 베셀이라는 회원이 있었다. 눈에 보이는 모든 것은 허상이기에 명상이 깊어지면 형체가 사라지는 것을 일상에서도 경험한다. 영화 루시에서 스칼렛 요한슨이 비행기 안 화장실에서 얼굴이 흩어지고 사라지는 경험을 한다. 영화 속에서는 약의 효능이지만, 명상이 깊어지면 깨닫게 되는 장면이다. 몸은 내가 아니며 고정되어 있지도 않다.

닥터 스트레인지에서도 건물이 일그러지고 허물어진다. 깨달음의 시대에 흐름을 앞서가지 못한다면 발을 맞춰서는 가야 한다. 지금의 내용이 이해되지 않는다면 시대에 뒤쳐져 있다.

낙원

싸이의 낙원이라는 노래를 들어보라.
숨 쉬는 지금 이곳이 천국, 즐길 줄 아는 그대는 이미 천국.

삶의 방향

마음을 극복하려고 여러 종류의 책을 읽어도 쉽지가 않다. 머리에만 맴돌 뿐, 본질적인 자각은 일어나지 않기 때문이다. 그래서 명상을 해야 한다. 명상은 근원적인 만남이다. 한번 그것을 경험하는 순간 삶의 방향이 달라진다.

명삶

명상을 할 때만이라도 스스로를 바라볼 수 있다면, 부분적인 각성 상태이다. 생활 속에서 매 순간 비우며 각성의 상태로 살 수 있다면 삶이 명상이라고 한다.

깬다

우리가 흔히 생활 속에서 엉뚱한 행동을 하는 사람을 볼 때 '깬다',

'확 깬다', '홀라당 깬다'라고 말한다. 오랜 시간 익숙해져 있던 관념에서 벗어나는 행동을 접할 때, 놀라움의 표현으로 하는 말이다. 그는 망설임 없이 오랜 껍질을 벗으며 자유로워지고 있다. 그대도 눈치만 보지 말고, 즐겁게 관념을 깨나가야 한다.

말들의 중심

쓸데없는 소리, 말 같지 않는 소리, 그러나 말은 말일 뿐이다. 이러한 말 속에는 더 이상 분별하지 말라는 의미가 담겨있다. 그러니 어떠한 말에도 스트레스받을 일이 없어야 한다. 그저 지나가는 소리라고 받아들인다면, 아무런 부딪침도 일어나지 않는다. 반응하지 말고 그저 침묵하라. 침묵은 모든 말들의 중심이다.

각성

데모를 할 때 '정부는 각성하라', '회사는 각성하라'는 표현을 쓰는 것과는 다른 의미이다. 욕심이나 감정, 에고의 차원을 넘어선 의식적으로 깨어 있으라는 의미다.

하늘 명상

하늘에 구름이 가려져 있다고 해서 하늘이 사라지거나 없어진 게 아니다.

언제나 전체적으로 존재해왔다. 피자 한 조각 한 조각이 모여서 완전한 판이 된 것이 아니다. 하늘은 이미 그 자체로 원래부터 있어 왔다. 한 조각을 잘라낸다고 해도 없어지는 것이 아니다. 구름이 나타나고 사라지는 것에도 영향을 받지 않는다. 궁극은 없어지거나 사라지는 것이 아니다.

그대의 생각이 일어나고 사라지고 감정이 일어나고 사라지지만, 그대는 사라지지 않는다. 그대는 하늘이다.

끌어당김

나는 스트레스를 안 받는다. 나는 스트레스를 안 받는다. 매일 주문처럼 외우는 삶을 본 적이 있다. 그는 이미 외워야 한다는 스트레스 속에 있다. 스트레스를 안 받는다는 바로 그 생각이 스트레스를 끌어온다. 안 받겠다고 애쓰는 것 또한 하나의 행위이기 때문이다. 지금 삶에서 일어나는 모든 것은 스스로가 끌어당기고 있다. 그것이 무엇이든…. 이제는

무위적인 끌어당김을 할 때

침묵

넓은 광장에 많은 사람들이 있다. 바쁘게 뛰어다니거나 이리저리 부산하게 움직이고 있다. 그 사람들 속에 그대는 가만히 앉아있다. 주위를 둘러보면 왔다 갔다 하는 사람들이 보일 것이다. 그대에게 당당한 힘이 있어 그들에게 큰소리로 "멈춰!"라고 명령한다면, 깜짝 놀란 그들은 순간적으로 멈춰 설 것이다.

그들은 수많은 감정들의 비유이다.
이때도 멈추지 않고 움직이는 이들은 두꺼운 관념이다.
욕망 명예 권력 등 강한 에고들이다.
침묵 속에서 3일 동안 말하지 않고 있어 보라.
그대 마음속에서 일어나고 있는 수많은 생각과 감정들이 허공 속에 둥둥 떠다니는 것을 지켜볼 수 있을 것이다.
그대뿐만 아니라 주변 사람들의 말과 행동을 통해서도
평소 그대의 모습을 발견하는 게 어렵지 않을 것이다.

쵸코파이

학창 시절에 이런 일이 있었다.
학교에서 학생들 생활 관련 설문지 조사를 하는 날이었다.
"나 종교는 뭐라고 적지?"
"기독교라고 해, 너네 가족 다 기독교잖아."

부모가 종교를 가졌으면 경험하지 않은 아이들도 같은 종교인이 되고 있다. 그 종교에 대한 아무런 경험도 신뢰도 없는 상태에서 그저 종교인이 되어간다. 어렸을 때부터 부모의 손에 이끌려 교회 가고 절에도 가고 반복적으로 가서 성경, 불경을 외운다고 무슨 자각이 일어나겠는가? 그저 습관적인 행위일 뿐이다.

군대를 가본 남자들이라면 주일에 한 번씩 개종을 하는 경우도 있다. 군대를 갔다는 자체가 이미 바보가 된 상태이지만, 휴일에 떡과 쵸코파이를 주는 곳으로 종교를 정하는 편이다. 그뿐이다. 가지 않고 내무반에 남아있다 보면 언제 작업 호출을 받게 될지도 모르기 때문에, 귀찮고 피곤한 경우를 피하기 위해서 간다. 달콤한 쵸코파이를 먹으며 안식을 취할 수 있다.

두려움

명상센터를 찾아와서 '여기 종교 아니죠?'라는 질문을 하는 것은 외부 종교에 대한 두려움 때문이다. 그래서 명상을 해야 한다. 명상은 내 안에서 종교를 만나게 한다 . 그리고 두려움이 사라진다.

행복의 종류

지금 그대의 행복을 누가 훔쳐가지는 않을까 걱정을 하고 있다면, 마음이 만든 행복이다. 마음의 행복은 소유하고 조건적이다. 그래서 빼앗길 수 있기에 불안하다. 빼앗기지 않는 영원한 행복을 갖고 싶다면, 지금 명상을 시작하라.

홀로 있음이란

육체적으로 홀로 있는 것을 말하는 것이 아니다.
육체적으로는 여럿이 있어도 상관없다.
의식적인 상태를 말하는 것이다.

홀로 있으되 분노와 미움으로 복잡하다면
홀로 있는 것이 아니라 여럿이 있는 것이다.
홀로 있음은 이러한 감정들이 사라진 상태를 말한다.
일어나는 감정을 지켜볼 수 있다면 그 지켜보는 자가
홀로 있음이다.
일어나는 감정이 사라진 텅 빔이다.
깨닫고 홀로 있는 존귀함, 깨달은 자의 고독함
하늘 위 하늘 아래 나만 있는
그 텅 빔이 확장된다면 천상천하유아독존이 된다.

관계 속에서는 바라고 원한다. 관계를 유지하기 위해서 양보한다.
때론 지배하고 때론 고개 숙여야 한다.
이러한 관계 속에서도 감정과 동일시되지 않는다면 홀로 있는 것이다.
이 깊이를 알아야 한다.
홀로 있음은 육체적으로 홀로 있는 것을 말하는 게 아니다.
마음이 사라진 허공 상태를 말한다.

우주의 중심

지금 그대가 서 있는 그곳이 우주이다.
의식을 확장해서 전체적인 우주를 느껴보라.
그 속에 지구가 있고 그대가 서 있다면 그대는 더 넓은 우주 속에 홀로 당당히 서 있는 것이다.

초능력

기운이 없어서 꼼짝도 못 하겠다고 하는 사람이 있다. 그에게 섹스를 할 수 있는 기회가 온다거나 불이 났다고 하면, 언제 그랬냐는 듯이 힘을 내서 움직일 것이다. 아직 에너지가 남아있다는 증거이다. 잠자고 있는 그 에너지를 쓸 수 있을 때 초능력이 되고 삶의 방식이 달라진다.

생각대로 된다

사람들은 스스로 지옥을 만든다.
천국을 만들 수도 있지만…….

알고 보면 지옥과 천국은 따로 있는 것이 아니다.

존 레논의 이매진이라는 가사에는
천국이 없는 세상을 상상해보세요 어렵지 않아요
그렇다면 지옥도 사라진다.

그대가 들었던 천국과 지옥은 기억된 정보에 의한 반응이다.
그래서 반복되는 생각이 현실을 창조한다.
비울 수 있다면 천국이고 비울 수 없다면 지옥이다.
언어로는 설명할 수 없는 그 비밀을 아는 순간 웃음이 터져
3일은 웃고 다닐 것이다.

탐험

그저 멍하게 산등성이를 바라볼 수 있는 시간만 가져도
그 순간 삶의 방향이 달라진다.
에고는 쉬지 않고 달려왔다.
앞으로도 달릴 것이다.
잠시 쉬면서 명상해야 한다.

삶의 두려움이 삶을 즐기는 탐험으로 변형된다.
명상이 깊어지면
두려움 외로움 슬픔이라는 감정의 영향을 받지 않는다.
감정을 일으키는 마음을 초월했기 때문이다.

차이

깨달은 사람은 순간을 영원으로 산다.
그 순간을 영원처럼 사는 지혜를 깨달았기 때문이다.
깨닫지 못한 사람도 순간을 영원으로 산다.
수치심과 두려움을 영원하게 받아드린다.
그 순간이 영원이 될 까봐 죽음을 선택한다.
하지만 죽음을 생각할 만큼 삶을 간절함으로 맞이할 수 있다면
그 간절함이 과거도 미래도 아닌 지금 이 순간을 살게 한다.

앎과 모름

나를 아는 것은 나를 모르는 것이고

나를 모르는 것은 나를 아는 것이다.
나를 모를 때 모든 것이 텅 비워진다.
그 속에서 관조하는 나를 발견하게 된다.

새로운 제품

기업에서 평범한 제품을 원한다면 기존의 방식대로 만들면 된다.
전혀 새로운 제품을 원한다면 명상을 하면 된다.
직관을 사용할 때 상상력은 극대화되고 새로운 창조가 일어난다.

빨리 가자

종교인들은 천국에 가기 위해 십일조를 낸다. 반복해서 성경 공부를 하고 기도한다. 일요일에 나오지 않으면 지옥에 갈 수 있다는 두려움 때문에 주중에 많은 일을 하고도 편하게 쉴 수가 없다. 정작 그렇게 좋은 천국을 가기 위해 죽음을 빨리 맞이하려는 노력은 하지는 않는다. 그렇다면 지금 살고 있는 현재에 더 많은 애정이 있다는 뜻이다.

이제 막연하게 죽음 이후보다 현재에 더 많은 에너지를 쓰고 살아야 한다. 다가오지도 않은 죽음 이후의 두려움 대신 지금을 풍요롭게 살아야 한다.

명상은

명상 속에서 나는 자유로운 새가 되어 여행하고 태양과 별은 찬란한 조명이 되어 나를 비춘다. 두 발은 구름을 건너뛰며 춤이 되고 웃음은 허공을 타고 흘러 노래가 된다. 춤과 노래로 하나 된 명상은 삶을 평화로운 축제로 만든다.

차원 이동

스포츠카가 빠르게 달리지만 운전자는 정지해 있다. 빠른 속도에 집중해야 하기 때문에 다른 생각을 할 수가 없다. 이러한 느낌은 긴장된 명상 상태이다. 어느 한 점을 향해 빠르게 빠져들면 생각이 사라진다. 그 느낌이 차원 이동이고 다시 체험하고 싶어서 운전대를 잡는다.

처음 명상을 접하는 이들은 가만히 있는 것보다 몸을 움직이면서 할 때 도움이 된다. 움직이면서 하다 보면 생각과 감정이 사라진다.

조금씩 깊어지면 몸을 운전하는 자를 느낄 수 있다. 이때부터는 몸은 정지해 있지만, 운전자의 깨어난 의식은 빠른 속도로 시공간을 초월한다. 자동차와는 달리 안전벨트를 착용하지 않아도 된다. 편안하게 앉아 있는 가운데 의식적으로는 자연스럽게 차원 이동한다. 찰나에 산에서 바다로 더 넓은 우주로 이동할 수 있다.

연말연시

연말이 되면 사람들이 붕붕 떠다니는 것처럼 바쁘게 움직인다. 그동안 잊고 지냈던 사람들을 만나거나 감사 인사를 다닌다. 또한 한 해 동안 먹었던 술보다 더 많은 양을 먹어야 한다. 그런 의무를 가진 사람들이 초등학교 모임에서 중학교, 대학교, 사회 친구들 모임에 이르기까지 눈코 뜰 새 없이 바삐 보낸다. 왜 그런지 한 번쯤 생각해 본 적이 있는가?

마지막과 시작이라는 느낌 때문이다. 언제나 연말처럼 연시처럼 이해하고 사랑한다면 우리의 삶이 좀 더 풍요로워질 것이다. 그렇다면 죽음에 임박해서 조급해하거나 서두르는 불필요함은 없을 것이다.

지금 현재를 연말처럼 연시처럼 살라!

하늘

하늘이 어디에 있는가?
몇 미터 이상부터 하늘인가?
그대는 이미 하늘을 숨쉬고 있다.
하늘은 우주이며 신이다.
그대는 지금 신을 숨 쉬고 있다.
그대는 하늘을 숨 쉬고 공기를 숨 쉬고 신을 숨 쉬고 있다
그대 안에 하늘과 신이 다 들어있다.
그래서 인내천이라는 말이 있다.
사람 안에 하늘이 있다.

어떤 사람과 살고 싶은가

과거라는 사람이 살고 있었다.
그는 늘 지나온 날들에만 관심이 있다.
그래서 그와 함께 있으면 죽은 자와 있는 것 같다.

미래라는 사람이 살고 있었다.
그는 늘 다가오지도 않은 날들에만 관심이 있다.
그래서 그와 함께 있으면 죽음을 기다리는 자와 있는 것 같다.

현재라는 사람이 살고 있었다.
그는 늘 지금 이 순간을 살고 있다.
그래서 그와 함께 있으면 생기가 넘치고 즐겁다.

나그네

나는 누구인가?
바람 따라 구름 따라 떠도는 나그네라고나 할까?

'할까?'라는 것은 지금은 나그네라고 표현했지만 내일은,
다음 순간에는 아닐 수도 있다는 뜻이다.
과거의 내가 아니라, 지금 이 순간 직관대로 뭐든 될 수 있지만
내일은 오늘과 다를 수 있다는 뜻이다.
이 아름다운 글귀는 현존을 알지 못하면 이해할 수 없다.

내면의 소리

일어나보세요.
앉으세요.
다시 한번 더 일어나서 옆 사람이 누군지 봐주세요.
앉으세요.
일어나는 몸이 나인가요?
듣고 몸을 움직이게 하는 게 나인가요?
듣고도 움직이지 않는 침묵 속에서 지켜보는 게 나인가요?
그 고요한 침묵 속의 나는 형체도 없지만 모두 안에 있는 같은 나입니다.

7학년

신성 불성 인간 안에 있는 종교성 신의 성질 붓다의 성질

축복

나무 아래 앉아 공기가 맑다 바람이 시원하다. 날씨가 덥다거나 추워도 반응하지 말라. 어떤 감정, 기분이 일어나더라도 먼 산등성이를 바라보듯 그저 지켜보기만 하라. 점점 자연과 삶의 표면에서 멀어지면서 바라만 보게 된다. 그때 어떠한 감정도 없이 있는 그대로 바라보고 있는 그대로 사랑하는 축복을 경험한다.

신성한 기쁨

말로 설명할 수 있는 기쁨이라면, 크지 않은 기쁨이다. 비교와 분별에 의해서 일어나는 기쁨이기 때문이다. 벗어나서 바라보라. 비교와 분별이 일어나지 않는 기쁨이어야 한다. 그 기쁨은 가슴속으로 들어가야 만날 수 있다. 언어로는 설명할 수 없는 궁극의 기쁨이다. 그 맛은 신성하다.

파장 속에서

깨달음은 개인적인 것이 아니다.

개인으로 도달했지만, 개인적인 것은 사라진다.
깨달음은 전체적이다.
개인에 의해 전체에 알려진다.
행위적인 것이 아니라 저절로 일어난다.
그의 주변에는 명상의 기운이 감돈다.
그의 등불이 터치하면 제자의 등불이 깨어난다.
또다시 등불의 파장으로 제자들이 모여들고
침묵의 파장 속에서 신성이 깨어난다.

붓다의 눈

깊어지면 명상 상태에서 눈 모양을 보게 된다.
이제 제3의 눈이 열렸다는 메시지이다.
더 깊어지면 여러 개의 눈, 수만 개의 눈이 나타난다.
하나의 눈이 더 크게 확장되어 보이기도 한다.
더 깊어졌고 깨어 있음이 확장되었다는 메시지이다.

인디언 처녀

오래전 명상 속에서
시냇물이 흐르는 바위에 앉아 눈을 감고 앉아있는
인디언 처녀를 보았다.
그 순간 나의 전생이구나 알아차렸다.
몇 년이 지난 어느 날 명상에서 이 장면이 이어졌다.
백인 군인에 쫓기고 있는 인디언 처녀를 다시 보았다.
백인 군인이 쏜 총탄을 맞고 쓰러진다.
고통 속에서 죽어가는 인디언 처녀의 모습 위로
백인 군인의 모습이 내려다보고 있다.
그 짧은 찰나에 백인 군인도 나라는 깨달음이 들었다.
아, 죽이는 자와 죽는 자가 모두가 다 나구나!
나는 모든 것이다.
우리 모두는 분리될 수 없는 하나이다.
인류 모두가 또 다른 나이다.
원수도 나처럼 사랑해야 하는 이유가 바로 이런 것이구나!
그날 이후 누구를 만나든 미움이 사라졌다.
단지 내 의식을 체크하는 과정일 뿐
너무나 쉽고 명쾌하게 모두를 사랑할 수 있게 되었다.

예외 없이

인간은 사회적인 동물이다.
사회 속에서 길들여진 동물이라는 뜻이다.
즉, 인성적이고 아직 신성을 모른다.
길들여진 동물임을 말한다.
신성은 길들여지지 않는다.
인간은 종교적인 동물이다. 그래서 신성 차원으로 점프할 수 있다.
인간에게는 겨자씨만한 신성이 존재한다.
종교는 신성의 겨자씨가 발현될 수 있도록 안내해야 한다.
원죄, 카르마를 내세워 두려움과 공포의 정치를 해서는 안 된다.
원죄와 카르마는 없다.
생성될 때 없었다면 소멸될 때도 없다.
판단하는 것을 내려놓아야 한다.
허상이고 허구이다. 세뇌되어 매트릭스에 갇히는 것이다.
거지도 대통령도, 유명인도 일반인도, 죄인도 성인에게도 예외 없이 신성은 존재한다.
그러니 무엇을 비교하고 두려워하겠는가?
우리는 다 같다. 비교의 대상이 될 수 없다.

그저

불교 — 기독교
극락 — 천국
스님 — 목사
환생 — 일생
카르마 — 원죄
불성 — 신성
불경 — 성경

현대의 종교는 과학보다도 아래 단계이다.
시간은 흐르지 않기 때문에 과거 현재 미래는 없다.
그래서 종교로서는 깨달을 수 없다.
명상이 깊지 않은 스님은 시간은 흐르지 않는다는 것을 깨달을 수 없다.
목사는 죄의식 때문에 깨달을 수 없다.
깨달음은 생각이나 감정과는 아무런 상관이 없다.
그리고 고행을 할 필요도 없다.
고행을 놓지 못하면 깨달음은 집착이 된다.
깨달음은 그저 자각하기만 하면 된다.

비로소

혼자가 되는 것이 두려워서 사랑을 하고 결혼을 한다.
그래서 사랑을 발견한 줄 착각하지만,
원하고 바라던 사랑이 아니라서 별거를 하고 이혼을 한다.
그 사랑이 진짜가 아니라는 것은 오랜 시간이 걸리지 않는다.
'이 사람은 내가 원하는 사랑이 아니었어'
아파하고 슬퍼하면서 대상을 바꿔가며 또 다른 사랑을 찾는다.
무지하고 어리석다.
내가 대상에게서 사랑을 찾듯이
그 대상 또한 내게서 사랑을 찾고 있기 때문이다.
내가 내 안에서 발견 못한 사랑을 그 누가 발견할 수 있겠는가?
사랑의 형태는 제각각 다르게 왜곡되고 변질되었다.
남자와 여자, 돈과 섹스, 권력과 명예, 안정과 지배,
그렇게 부족한 조각, 조각의 사랑을 맞추기 위해서 오랜 시간을 낭비한다.
그리고 발견한다.
얽히고 설킨 관계를 벗어나면서, 병실에 홀로 누워 아파하면서,
철저하게 홀로된 외로움 속에서, 눈을 감고 명상하면서
그때 비로소 삶을 내려놓고 내 안에서 사랑을 발견한다.

시간은

전생은 없다.
시간은 흐르지 않기 때문이다.
시간이 흐르지 않기 때문에 과거도 미래도 없다.
전생도 후생도 없다.
시간을 믿는 자들은 매트릭스 속에서 살고 있다.
아직 반복적으로 환생하는 영혼 차원이다.
신성, 불성에서부터 시간은 사라진다.

축제의 향연

어느 날 그대가 명상을 경험한다면 우주가 내 안에 있고,
내가 우주 안에 있음을 깨닫게 될 것이다.
그때는 80억의 개체가 사라지고 전체적인 것만 남는다.
그리고 알게 된다. 내가 모두이고 전체라는 것을
단 한 번도 분리된 적도 부분이었던 적이 없었다.
그 아름다운 진리를 이제 발견하게 된다.
진리를 맞이하는 그 순간 삶의 축복이 시작된다.

그 축복은 넣어두고 지켜야 할 금고가 필요 없다.
대 자연과 우주가 금고이기에 그저 풍족함을 누리기만 하면 된다.
비교하고 경쟁하는 마음은 사라지고 없다.
무지한 경쟁심은 누구보다 돈을 더 많이 벌어야 하지만,
죽을 때까지 돈만 벌려는 것이 아니라면,
이제 명상을 시작하자.
그리고 찬란한 축제의 향연을 만날 때까지 눈뜨지 말고 기다려라.

부처님 손바닥

눈을 감고 앉아 양 손 중 어느 한 손을 손바닥이 하늘 방향으로 배꼽에서 가슴까지 올렸다 내려보라. 손바닥 위에 어린 시절의 순수했던 모습, 과거의 힘들었던 기억, 지금껏 살아왔던 생각, 감정, 관계 등이 다 내려다보일 것이다. 주변의 삶도, 인류의 상황도 다 보일 것이다. 존재를 깨닫고 나면, 세상이 손바닥 위에 다 있다. 부처의 눈으로 내려다 보면 손바닥 위에 세상이 다 들어와 있다. 존재가 깨어난 자는 손바닥 위가 선명하게 보인다. 살아온 모든 모습들이 다 보인다. 주변 사람들의 모습도 다 보인다. 인류의 모습도 다 보인다.

존재는 부처이고 부처는 존재이다. 그래서 모두가 부처라고 하는 것이다. 존재는 언제나 깨어 있음을 아는 순간이다. 그 순간 두려워하거나 아파하거나 힘들어했던 모든 것은 다 사라진다. 존재는 영원하다. 존재를 깨닫고 나면 삶이 내 손바닥 안에 있다. 그래서 모든 것이 다 부처님 손바닥 안에 있다고 한다.

시작은

언제부터 시작인가?
태어날 때인가?
오늘인가?
어제였는가?
내일인가?
새해인가?
생일이 시작인가?

그렇다면 매해 생일을 맞이하고 있다.
그대의 시작은 과거를 내려놓을 수 있을 때이다.
아직도 누군가에게 미움이 일어난다면

현재가 아닌 과거의 기억으로 보고 있다.

무슨 일을 하기 전에 두려움이 일어난다면 과거의 기억으로 보기 때문이다.

과거의 실패했던 기억이 현재의 눈을 가리고 있는 것이다.

오직 깨어 있는 자만이 현재 의식으로 바라본다.

그 시점에는 두려움과 불안함이 없다.

내려놓을 수 있을 때 비상할 수 있다.

관계에서 벗어날 때 자유로워진다.

마음은 두려워하고 존재는 즐긴다.

마음을 타고 과거와 미래를 왔다 갔다 하는지

지금, 이 순간에 있는지 체크하라

감정은 과거의 기억으로 일어난다.

기억 없이 단순하고 투명한 눈으로 바라볼 수 있어야 한다.

그렇다면 이 순간이 그대의 또 다른 시작이 될 것이다.

의식의 방향이 마음인지 존재인지에 따라 시작이 될 수도 있고 잠들어 있을 수도 있다.

눈을 감고 느껴보라! 존재는 항상 지금 이 순간 여기에 있다.

시작은 과거의 어느 날이 아니었다.

시작은 시간과 무관하다.

그냥 일 뿐

언제나 지금이 시작이다.

그대의 시작은 언제인가?

의식이 깨어 있다면 시작 또한 없다.

뿌리

마음에서 우러나오는 행위는 구속이고,

존재에서 우러나오는 행위는 자유이다.

마음은 육체에 뿌리를 두고 있고 존재는 우주에 뿌리를 두고 있다.

명상이 깊어지면 우주와 하나가 될 수 있는 것은 마음이 사라지기 때문이다.

경험

사랑은 경전을 읽는다고 얻어지는 것이 아니라, 경험을 지나야 한다.

아파하고 비우면서 경험한 자만이 알 수 있다.

어디에 있는가

우주는 신이며 이 세상도 우주의 일부이다. 그렇다면 신의 공간 속에 있는 나 역시도 신이며 신의 일부이다. 보이는 형상으로는 분리되어 보일 수 있지만 전체적으로는 분리될 수 없는 하나이다. 간, 위장, 폐, 심장으로 분리될 수는 있지만 사람이라는 통합된 존재로는 하나인 것이다. 그러니 우주와 함께 있는 나는 누구인가? 신이기도 하고, 분리된 인간이기도 하고, 남자이기도 여자이기도 하지만, 여전히 우주의 일부분이고 전체이기도 하다. 교회에만 한정적으로 신을 투영하지 말라. 우주 = 신이다. 그래서 우주 속에 있는 모든 것이 다 신일 수밖에 없다. 나무를 나무라고 돌을 돌이라고 인간들이 이름을 붙였을 뿐이다.

교회 또한 단지 건물이지만, 그대는 교회라는 건물 속에 신이 거주한다고 믿고 있다. 신은 어디에 있는가? 교회 담장 안에만 있는가? 도대체 신은 어디에 있는가? 그대 안에서 발견하지 못했다면 언제나 불안해 할 수밖에 없다. 우주를 창조한 거대한 신이라면 어디에서나 만날 수 있어야 한다. 신은 특정한 건물에만 존재할 수 없다. 모든 것을 창조했기에 모든 곳에 있어야 가능하다.

신을 만나지 못했다면 그대의 믿음이 크지도 강하지도 못한 것이 된다. 그대는 아직 신을 만나지 못했다. 그래서 주중에 힘들게 일을 하고도 쉬지 못하고 교회를 가야 한다. 교회를 다녀와도 두려움이 남아있다면, 그대가 교회에서 만난 신은 왜 그대를 아직도 두렵게 하고 있는가? 신의 영향력이 약해서인가? 아니면 단지 그대 마음이 문제라는 것을 지금 깨달을 수 있겠는가? 그대만의 신은 교회에 있지만, 나머지 사람들의 신은 교회를 포함한 다른 모든 곳에 존재한다고 알고 있다. 과연 누구의 신이 더 전지전능한 것인가?

이제 와서 그대의 신도 나머지 공간에 다 있다고 인정하고 싶은 것인가 그렇다면 교회를 가지 않아도 성경을 몰라도 이미 그대 안에도 충분히 존재해 왔음을 인정하여야 한다.

내가 본 아바타

영화 평론가들이 제각각 자기가 본대로 아는 대로 이야기한다. 자신의 관점대로 바라보고 느낀다. 여자친구가 새(트루크 막토)를 타고 나타난 제이크를 보고, '당신이 보인다.'라고 하는 것은 깨달은 자를 보고 있다는 뜻이다. 후반부에서 반신불구인 제이크의 몸을 보고도 사랑하는것은 몸이 아닌 '영혼을 본다'는 뜻이다.

체크

종교에서는 건강한 남녀에게 섹스를 잊고 신을 믿으라고 강요한다. 노래 부르고 박수를 치다 보면, 그 순간 섹스를 잊을 수 있다. 내면으로 들어가지 못한 민감한 사람들은 노래하고 박수 치는 그 순간에도 주위를 둘러보며, 마음에 드는 이성과 섹스를 상상한다. 여러분들 눈에는 섹스에 대한 거짓 가면을 쓰고 있는 종교 지도자들이 보일 것이다. 건강한 남녀가 섹스를 원하는 것은 본능적으로 아름답다. 섹스를 하기도 전에 죄의식을 갖는 것보다 하고 나서 건강하고 아름다운 사랑을 꽃피우길 바란다.

종교에서는 영혼이 깨어나고 신성과 하나 되는 것을 철저하게 차단하고 알려주지는 않는다. 그리고 이것을 하지 마라, 저것도 하지 마라, 하지 말라는 것만 알려주고 있다. 물론 잘못된 것은 없다. '하지 마라, 하지 마라'라고 하는 것도 신의 작품이다. 어쩌면 그들은 내 안에서 영혼을 느끼고 신성을 만나는 것을 모르고 있다. 단 한 순간이라도 만난 적이 없기 때문이다. 오로지 신도 수를 늘리고 수입을 늘리기 위한 방법만을 연구하고 있을 것이다. 그대가 지금 다니고 있는 종교를 체크해 볼 일이다.

유일인

예수는 원수도 사랑하라고 했는데, 비 종교인이라는 이유로 배척하고 비방한다면 과연 원수는 언제쯤 사랑할 수 있을까? 모든 사람은 다 하나밖에 없는 소중하고 특별하다 우리 각자는 모두 유일인이다. 그리고 유일신이다.

모순

11조를 내야만 천국에 간다고 한다. 그리고 부자가 천국에 가는 것은 낙타가 바늘 구멍 통과하는 것보다도 힘들다고 하는 것은 앞뒤가 맞지 않는다. 이런 사기극을 매 주일 관람하고 따르고 있다. 부자가 아닌 사람들은 11조를 내기 위해 돈을 벌고, 부자들은 부자여서 못 간다고 하니 넌센스이다.

과연 지구가 없다면 기독교 불교 천주교 이슬람교가 존재할 수 있을까? 다른 행성에도 이런 종교들이 있을까? 있다면 편협하고 이기적일 수밖에 없다. 이런 종교가 없다면 다행스러운 일이다.

중성

불교는 성별에 갇혀있다.
남성 중심적인 깨달음이다.
붓다는 깨달음을 남성 위주의 우월함을 남겼다.
중성이 되어야 한다.
아니라면 여성이 더 우월하다.
성별이 아니라 의식에 따라 여자주지가 공평하게 나와야한다.

바티칸을 보라

뾰족하고 높은 건물에 뾰족하고 높은 모자를 쓴 교황
깨닫지 못한 권위를 건물과 모자와 남성적으로 채웠다.
시대가 변했는데도 여성 교황을 차단한 것은
예수의 제자 마리아에 대한 피해의식 때문이다.
그 피해의식은 마리아를 창녀로 왜곡시켰다.

하나님 아버지... 안타깝게도 하나님 어머니가 나오기 전까지 이 종교로는 성별조차 넘지 못한다.

신은 편협한 남성일수가 없다.

영혼을 안다면 환생과 전생은 완벽하게 있다.
그들은 깨닫지 못했기에 두꺼운 여성 남성에 갇혀있다.
여성에서 남성으로 남성에서 여성으로의 환생 속에서
중성이 되어야 깨달음, 신성, 불성의 진리를 알 수 있다.
물론 궁극적으로는 시간이 흐르지 않는다.
과거도 미래도 성별도 전생이라는 것도 매트릭스이다.

신의 길

예수의 길이 종교에서는 고행이라고 가시밭길이라고 하면서 신도들에겐 그 사랑의 길을 함께 가자고 한다. 예수는 즐겁고 기쁜 마음으로 그 길을 앞서갔다. 즐겁고 기쁘지 않으면 갈 수 없는 길이다. 즐겁고 기쁜 길이기에 나를 따르라고 한 것이다. 그 길이 두렵고 힘든 고행의 길이라면, 사랑이신 예수가 제자들을 따르게 했을까? 이 길을 따르지 말라고 했을 것이다.

누구나 갈 수 있는 길이다. 예수처럼 가고 싶다면 먼저 그대 기억 속에 있는 두려움과 죄의식부터 내려놓아야 한다. 그렇다면 이쪽저쪽 들은 정보로 만들어진 허구의 내가 아닌 예수가 말한 참 '나'의 의미를 알게 될 것이다.

깨달음을 알아갈수록 즐거움이 커지기 때문에 따르라고 한 것이다. 그런 진리를 모르기에 깨달음이 고행 차원에 머물러 있다. 신을 받드는 것으로만 머물러 있다. 무지한 종교가 그와 같은 역할을 하고 있다.

신을 알아가는 즐거움, 신이 되어가는 즐거움이 되어야 한다.

지옥

천국을 가고 싶은 것과 지옥을 안 가고 싶은 것 중 어느 마음이 더 간절함을 불러일으킬까? 사실 천국은 가도 그만, 안 가도 그만이지만, 지옥만은 안 가고 싶을 것이다. 왜일까? 이미 지옥의 불구덩이가 그대의 뇌리에 꽉 차 있기 때문이다. 인간의 마음에는 천국보다 지옥의 두려움이 더 무섭게 작용한다.

천국

나는 빛이고 사랑이고 평화이고 진리이다. 그대가 명상을 한다면 이 의미를 그대 안에서 쉽게 찾게 될 것이다. 그대라는 존재만이 우주로 통하는 열쇠를 알고 있다. 그래서 그대 안으로 내면으로 들어가라고 말한다. 예수나 부처는 지식이고 정보일 뿐, 오직 나를 알 때만이 천국을 경험한다. 종교는 그 나를 알려주면 된다. 나를 알려주는 역할을 해야 한다. 더 이상 천국과 지옥으로 인간의 의식에 두려움을 심어주어서는 안 된다.

반복

나는 나를 기다린다. 그대는 지금 누구를 기다리고 있는가? 그 누군가를 만난 이후에는 그대는 또 누군가를 기다리게 될 것이다. 동성, 이성, 양성애자든 누군가 끌리게 되면 만나는 게 자연스런 현상이다. 그리고 곧 부딪침과 싫증을 느끼게 될 것이다. 본래의 그대를 만나게 되는 그날까지 이 반복은 계속될 것이다.

✝

식사를 할 때, +긋고 성부와 성자와 성령의 이름으로 식사를 하는 종교인을 본 적이 있다. 그런데 술 먹는 자리에서는 긋지 않고 먹는 것을 보았다. 이것을 어떻게 받아드리고 설명해야 할까? 식사는 성스러운 것이고, 술은 그렇지 않은 것인가? 아니면 스스로를 속이는 것인가?

아주 가끔

힘들어서 명상을 찾아오는 대부분의 사람들이 직업 재산 명예가 아파서 찾아온다. 에고가 힘들고 에고가 너무 많아서 찾아오는 경우이다. 아주 가끔은 자신을 찾아서 오는 자도 있다.

상상

상상으로 간음하는 것은 죄가 될 수 없다. 마음껏 상상하라. 그리고 죄스런 마음을 쌓아두지 말고 비우면 된다. 종교가 상상력까지 침해하고 있다. 상상으로도 섹스를 하면 안 된다는 종교는 사춘기 시절 몽정까지도 시비를 걸 것이다. 몸의 본능적인 현상까지도 죄의식으로 만드는 교묘함이 있다. 어찌 되었든 종교는 깨달음에는 관심이 없다. 성에 대한 관심은 필요 이상으로 넘쳐난다.

관념의 벽

우주를 신이 만들었다면 그대 또한 신의 일부이다. 그러하니 왜곡되고 편협한 종교가 사라지는 그날 나는 오래 전부터 이미 신이었음을 깨닫게 된다.

신은 어찌하여 인간을 만들고 신과 분리를 해 놓았을까? 진리는 그렇지 않다. 그대가 들어왔던 지식들이 신을 만날 수 없도록 관념의 벽을 만들었다.

신은 언어로서는 표현할 수 없는 곳에 있지만, 그 언어 또한 신의 창조물이다. 신은 내 안에도 있고 내 밖에도 있다. 온통 신이다.

수호신

현상계에서 개가 나를 보호한다.
영적 차원에서의 수호신은 고구려 벽화에서처럼 청룡 백호 주작 현무를 말한다.
인간계 너머 4차원 이상에서 존재한다.
육체를 가진 영혼을 보호하고 차원 이동을 안내한다.
이들의 역할은 의식 세계를 넘나들며 영혼의 성장을 돕는다.
명상이 더 깊어지면 황룡과 봉황의 안내를 받는다.
수호신의 역할에 대한 궁금증이 있다면 프라기얀이 쓴 책
'나와 내가 나눈 이야기'를 통해서 참고할 수 있다.

발바닥

성경과 불경을 오래도록 들고 다닌다고 해서 그 사람이 사랑으로 넘치거나 자비로운 것은 아니다. 사랑과 자비는 경전과는 아무 상관이 없다. 말로 표현되는 것이 아닌 침묵 속에서 행동하는 발바닥을 통해서 느낄 수 있다.

신이시여

우리 모두 기도합시다. 신이시여, 저들을 가엾게 여기시고, 저들을 참 진리로 이끌어주소서. 왜 종교인들은 신이 알아서 할 일을 먼저 나서서 하고 있는 것일까? 신이 그들의 기도 소리를 들어야만 그들을 이끌 수 있단 말인가? 전혀 그렇지 않다.

형식적인 기도

어느 날 식사에 초대되어 갔었던 적이 있다. 식사 전 할아버지가 아이에게 기도를 하라고 했다. 다들 엄숙해졌고, 아이가 기도문을 까먹고 웃음을 터뜨렸다. 갑자기 다들 심각해졌고 부모는 아이에게 눈총을 줬다. 그들의 식사 시간은 아이의 웃음보다도 '오늘도 일용할 양식을'이라는 형식적인 기도가 더 중요했기 때문이다. 나는 그 아이를 도와주기 위해서 함께 웃었다.

웃고 떠들어라

자칫 어른들이라는 어른이들은 아이들에게 쓸데없는 짓을 하지 말라고 한다. 장난을 치거나 웃고 떠드는 것을 가만히 두고 보지 못한다. 만일 아이가 힘들고 아파서 아무것도 하지 못하는 날에는 장난치며 웃고 떠들던 아이의 모습이 그리울 것이다.

겨자씨

인간 속에는 신이 될 수 있는 신성이 있다. 인간으로만 살 수 있는 인성이 있고 동물처럼 살 수 있는 수성도 있다. 인간 속에는 신이 될 수 있는 신성이 있다. 천국은 겨자씨 속에 있다. 겨자씨가 7m의 겨자 나무로 자란다는 진리를 볼수 있는 자만이 천국을 누릴수 있다 .

비즈니스

우리가 죽음을 두려워하는 것은 천국과 지옥이라는 정보 때문이다. 그러한 정보를 접하지 않았다면 결코 죽음을 두려워하지 않았을 것이다. 종교는 비즈니스이기에 두려움과 공포를 끊임없이 주입해야 헌금을 거둬들일 수 있다.

결혼식에서

종교는 두려움에 빠져 있다. 신도수를 늘리기 위해 아이를 많이 낳도록 강요하고 있다. 권력을 갖기 위한 수단으로 변질되고, 결혼식에서도 아이를 많이 낳도록 서약을 받고 있다.

연결

동물이 죽고 그 자리에서 식물이 자란다. 동물이 썩으면서 식물에게 영양분을 주었으니 그 속엔 동물성이 포함된다. 동물이 풀을 뜯어 먹는다면, 그 속엔 식물성이 포함된다. 우리 모두는 서로 다 연결되어 있다.

공기와 같은

불에 타는 것을 상상하고 물에 빠져 있는 것을 상상해보라. 불에 타든 물에 빠져 있든 그대는 죽지 않는다. 지금을 살고 있는 그대도 영원하다. 그대는 공기와 같은 에너지 체이다. 그렇다면 지나간 힘든 기억 따위로 고통스러워할 이유가 없다.

깨어 있는 자

병원에서 노모를 간호하고 돌아가던 20대 아들이 자동차 사고로 죽었다. 이처럼 죽음에는 순서도 없고 나이와도 무관하다. 언제 어느 때 찾아올지 그 누구도 알 수 없다. 인간은 누구나 다 시한부 인생이다. 오직 의식적으로 깨어있는 자만이 죽음에서 벗어난다.

종교가 하는 일

초등학생이 선생님에게 질문을 했다.
"천국과 지옥은 어떻게 다른가요?"
"천국은 살기 좋은 곳이고 지옥은 뜨거운 불구덩이다."
"천국에는 누가 가는 곳인가요?"
"믿음이 있는 자만이 갈 수 있다."
"믿음만 있으면 갈 수 있는 건가요?"
"11조를 내야 한다."
"내가 죽었는데 어떻게 천국을 가고 지옥을 가는 건가요?"
"너의 영혼은 죽지 않는다."
"영혼은 죽지 않는가요?"

"안 죽는다."

"영혼은 죽지 않는다면 지옥의 불길 속에 있든 천국에 있든 아무 상관이 없는 것 아닌가요?"

"죽음보다 더 무서운 게 있다."

"죽음보다 더 무서운 게 있다구요?"

"죽음에 대한 생각이 두려운 것이다."

"그 두려움을 누가 만들어 놓은 건가요?"

"종교가 만들었다."

"종교만 사라지면 되는 거네요."

오직 지금

자기를 사랑하는 자만이 남을 사랑할 수 있고 자기를 사랑하는 만큼 남을 사랑할 수 있다. 남을 사랑한 만큼 내가 비워지고 내가 비워진 만큼 성장한다.

지금 이 순간을 살면 힘들지 않다. 힘들다는 것은 어제의 일, 내일의 일, 1분 전, 1분 후를 생각하고 있기 때문이다. 오직 지금을 살 수 있다면 어떠한 생각도 끼어들 수 없다.

지켜보라

교회나 절에 가고 싶을 때 움직이지 말고 가만히 멈춰서 지켜보라. 곧 편안해진다. 아, 신성과 불성은 이미 내 안에 있었구나!

낮은 의식

이 시대의 종교는 의식적으론 높아야 하고 현실적인 권위는 낮아야 하지만, 의식은 낮고 현실적인 권위는 높다.

진리

나이가 들수록 고향집을 그리워하는 것은 회귀에 대한 갈망 때문이다. 본래의 마음을 본심이라고 한다. 그래서 진실한 대답을 듣기 위해서는 가식적인 마음이 아닌 '너의 본심을 말해달라'고 하는 것이다. 이 또한 마음이 하는 말이기에 진리는 아니다. 진리는 언어로는 만날 수가 없다.

특별한 기적

내 안에서 사랑을 발견하지 못했다면 사랑을 알 수도 없으며 사랑할 수도 없다. 내 의식이 투영되기 때문이다. 오직 사랑일 때만이 사랑을 알아본다. 그래서 종교에서 네 이웃을 사랑하라고 말해도 이웃을 사랑할 수가 없다. 이웃을 미워할 수 있는 것은 내 안의 의식이 밖으로 투영되기 때문이다. 내 안에서 사랑을 발견했다면, 이웃을 사랑하려고 애쓰지 않아도 된다. 사랑하려고 애쓰지 않아도 이미 사랑이 흘러넘친다.

내 안에서 사랑을 모르고 있다면 이웃을 사랑할 수 없다. 그래서 원수를 사랑하는 것은 일생일대의 특별한 기적이 일어나야 가능하다. 그것이 깨달음이다.

전쟁이 일어나도 종교에서 침묵하는 이유가 여기에 있다. 그 종교에는 사랑이 없기 때문이다. 이익이 되지 않는다면 전쟁 따위는 관심이 없다. 이것만으로도 나라를 넘어선 인류를 대표할 만한 종교가 아직 나오지 않은 이유이기도 하다.

이 시대의 성인

지금의 시대는 누더기옷에 수레를 타거나 맨발로 다니는 시대가 아니다. 비행기, 인터넷, 스마트 폰의 시대를 살고 있지만 사람들의 관념에는 중세시대의 성인으로만 각인 되어 있다. 최첨단 문명 속에서 사랑과 자비는 마구간과 보리수나무 아래에 멈춰있다. 인터넷, 음악, 영화를 통해 깨달음이 더 많이 나눠져야 한다. 도서 「나를 아는 즐거움」에서 마이클 잭슨이 왜 이 시대의 성인인지 언급한 적이 있다. '힐 더 월드' 그와 같은 깨달음을 나눈 황제가 마이클 잭슨이다.

다르지 않다

기억된 정보에 의해서 '같다, 다르다, 좋다, 싫다'를 판단하고 있다. 그 기억과 정보가 담겨있는 곳을 마음이라고 한다. 그래서 마음을 비우라고 한다. 마음을 비우면 좋고 싫음이 사라진다. 시간 또한 길고 짧음이 사라진다. 그것을 판단할 수 있는 마음이라는 관념이 사라졌기 때문이다. 그렇지만 마음은 배척하거나 싸움의 대상이 아니다. 그 마음을 통해서 성장하고 깨닫기 때문이다. 깨달음과 마음은 다르지 않다. 바라보는 관점의 차이만 있을 뿐.

황당한 주례사

어느 성당에서 결혼식 주례사를 들은 적이 있다.

"이제 부부가 되었습니다. 하객 여러분들의 축하의 박수를 부탁드립니다." 그리고 놀라운 일이 벌어졌다.

"두 사람이 아이를 낳으면, 그리스도의 품 안에서 그리스도의 교리로 가르칠 것을 서약하겠는가?"

신랑 "예" 신부도 "예"라고 답한다. 그 아이의 종교의 자유를 부모가 가로채고 있었다. 태어나는 아이를 종교적인 세력을 키우는 수단으로 사용하는 것이었다. 그렇지만 이 아이도 자라면서 다른 종교로 개종을 할 수 있다. 이것은 스스로 믿었던 신을 바꿀 수도 있다는 것을 의미한다. 이러한 깨달음은 그 아이 스스로 이미 신성을 품은 존재이기 때문에 가능하다.

선생과 스승

선생은 채움의 방법을 알려준다. 지식을 채우고 명예와 성공이 최고라고 알려준다. 스승은 지식과 명예와 성공을 비우고 내려놓게 한다.

전혀 다른 방향이다. 그렇지만 에고를 알려주는 선생이 있기에 그것을 내려놓게 하는 스승이 존재한다. 오랜 시간이 지난 뒤에 선생은 스승이 된다.

구걸

그대 속에는 신성이라는 값진 보물이 있지만, 그대는 아직 모른다. 신에게 구걸하게 만드는 종교 때문에 그대는 아직 발견하지 못했다. 그대가 지금 그것을 발견한다면 구걸하지 않고도 부자가 된다. 그리고 죽지 않고도 천국을 만끽할 수 있다.

왜

무엇이 불안하고 두려운가?
종교를 마음대로 개종하며
신을 의지대로 바꿀 수 있는 그대인데

결국

어떤 종교인이 기도를 하고, 천국에서 신을 만났다고 했지만, 그것은 허상일 뿐이다. 살아오면서 주입되고 수집된 수많은 정보들이 만들어 낸 환상이다. 마음이 만들어 낸 허상일 뿐이다. 깨닫고 나면 그 어떤 허상에도 지배를 받지 않는다. 지배를 받고 있다면, 그것은 깨달음이 아니다. 신은 결국 그대이다.

스승이시여, 왜 그렇게 슬퍼하십니까?

나에게 슬픔이 아직 남아있는 것은 내 죽음을 맞이하는 너희들의 슬픔 때문이다. 나의 죽음을 슬퍼하지 말라. 부디 웃음 가득 기쁨으로 배웅해주길 바란다. 그렇지만 스승에게는 기쁨과 슬픔의 문제가 아니었다. 스승에게는 두 감정이 똑같다.

신이 되는 문

깨달음은 교회의 문이나 절의 문을 열었을 때 있는 것이 아니다. 그대 내면의 문을 열었을 때 발견하게 된다. 이 세상의 수많은 종교들이 하나같이 종교의 문을 통해서만이 진리를 알 수 있다는 거짓 홍보를 하고 있다. 교회와 절에 가는 시간을 멈추고 명상을 하라. 그대 마음을 주시하라. 그 마음을 지나면 신이 되는 문을 발견한다.

깨달으면

십자가와 불상이 예수와 부처라는 인식이 각인되면, 그 가짜를 진짜로 믿게 된다. 불상이 깨지거나 십자가가 부러지면 신이 다치거나 부상을 입는다고 생각한다. 이 바보 같은 현실이 이 시대 종교의 현주소이다. 뜻밖에도 '나는 모든 것이다.'라는 의미를 깨달으면, 그때는 십자가와 불상도 신이고 부처가 된다.

죽어도 죽지 않는

막연한 하늘나라가 아닌 천국의 주소를 알려주면 좋겠다. 명왕성에서 10분 거리인지 토성에서 가까운지 구체적으로 알려주어야 한다. 그렇게 해준다면 막연한 두려움이 사라질 것이다. 주일마다 내는 헌금에 비한다면 종교에서는 이 정도 서비스는 당연히 해주어야 한다. 안타깝게도 종교적인 세상은 지구와 지구 밖의 대기권 정도의 하늘에 속한다.

내가 질문했던 종교인들 중에 세상의 크기를 설명해준 사람은 아직 없었다.

신은 천국과 지옥을 만들어 놓고 삶을 두렵게 만들고 있다. 아니면 신의 의도와 달리 인간들이 오해를 하고 있는 것일까? 죽음 이후에 죽지도 않고 천국 혹은 지옥을 가는 그러한 존재라면 두려워할 이유가 없지 않은가? 이러하기에 육체는 내가 아니라는 사실은 명확하다. 죽어도 죽지 않는 그 무엇이라면, 천국이면 어떻고 지옥에 간들 무엇이 두려운가? 여전히 죽지 않을 텐데……

관념 파괴

종교가 세금을 내야 한다는 것에 종교 지도자를 제외한 모든 사람이 찬성하고 있다. 헌금이 어디에 쓰이고 있는지 궁금하지만, 신도들은 질문을 못하고 있다. 종교의 천국은 사후를 이야기하기 때문에 어쩔 수 없이 믿을 수밖에 없다. 그리고 죽어야만 확인할 수가 있다. 그래서 사람들의 눈과 귀를 가리며 교묘하게 현재를 속일 수가 있다.

만일 그대 안에서 천국을 발견했다면, 어느 요일에 일을 하고 어느 요일에 휴식을 취하건 아무런 상관이 없다. 일요일에도 교회를 나가지 않고 즐겁게 일을 할 수가 있다. 대신 월요일에 휴식하면 된다. 부처님 오신 날 연등을 달지 않아도 된다. 내 안에 불성이 있기 때문이다.

세례명

종교에서 세례명을 주는 것은 이제 옛날의 이름에 기억된 정보를 내려놓으라는 뜻이다. 그리고 과거를 버리고 두려움 없이 새롭게 태어난 영적인 이름으로 살아가라는 뜻이다. 영화 매트릭스의 주인공인 엔더슨에서 네오, 티파니에서 트리니티와 같은 의미이다.

종교에서 세례명을 받았지만, 여전히 죄인이다. 그래서 절대적으로 죄인을 벗어날 수 없는 구조이다. 그러니 성인이 될 수 없다. 그대가 성인이 되고 싶다면 종교를 벗어나야 가능하다.

죽을 만큼

나무든 동물이든 사람이든 죽을 만큼 사랑을 해봐야 그대 안에서 사랑을 발견할 수 있다. 그 같은 갈증이 신성의 영양분이다.

병문안

부디 찾아가지 않는 것이 좋다. 힘들게 일을 하고 이제 휴식을 취하고 있는 그에게 굳이 찾아가는 것은 휴식을 취할 수 없도록 방해를 하는 것이다. 얼굴을 내밀고 도장을 찍어야 한다면 정말 가지 말아야 한다. 대신 그를 위해 진정으로 기도해주는 것이 낫다. 그래도 가야 한다고 느껴진다면 아직 진정으로 기도하지 않았기 때문이다. 사람들이 반복적으로 기도하는 것은 한 번도 진정으로 기도하지 않았기 때문이다.

한번 신을 만났다면 더 이상 기도를 반복할 일이 없다. 반복적으로 기도하는 종교인을 본다면, 단 한 번도 진정으로 기도하지 않은 자로 인식하면 된다. 그는 신 근처에도 못 갔다. 신을 만났다면 신이 되었기에 더 이상 기도가 무의미하다. 신이 신에게 기도할 이유가 없기 때문이다.

다리

그대가 아직 종교에 의지하고 있다면 아직 뭔가를 깨닫지 못했기 때문이다. 진정한 것을 찾았다면 더 이상 그곳에 머무를 이유가 없다. 종교는 내적인 다리와 같다. 인성에서 신성에 도착하는 순간 다리의 역할은 사라지기 때문이다. 하지만 지금의 종교는 다리 구실을 못하고 있다. 인성에서 수성으로 안내하고 있다. 서로 배척하는 것을 사랑으로 세뇌시키고 있다.

궁극

명상이 깊어지면 안다. 산길을 걷든 들길을 걷든 바닷길을 걷든 목적지는 한 곳에 이르게 된다. 그곳은 지금 있는 이곳이다. 어디에도 가지 않고 만날 수 있는 궁극이다.

먹으면

'마음만 먹으면 뭐든지 다 할 수 있다.'라는 말은 마음을 먹어버렸기에 뭐든지 할 수 있다는 뜻이다. '마음을 잡아라'와 같은 의미이다. 날뛰는 마음을 움직이지 못하도록 붙잡으라는 뜻이다. 마음을 먹는 주체, 붙잡는 주체가 그대이고 신성이다.

반신반인

그리스 신화에 보면 반인반마(半人半馬)가 나온다. 상체는 인간이고 허리 아래로는 말의 모습이다. 그렇지만 그대 존재는 半神半人, 神人合一, 반신을 아는 것, 부처를 아는 것, 나를 아는 것, 그리스도를 아는 것, 너 자신을 알라와 같은 의미이다.

내 안에서

이 음식을 먹을지 저 음식을 먹을지
숟가락으로 먹을지 포크로 먹을지 방법이 중요한 것이 아니다.
중요한 것은 무엇을 먹는가이다.

이 종교 저 종교가 중요한 것이 아니라, 신과 하나 되는 것이 중요하다.
이 종교 저 종교를 기웃거리며 분석하고 비판하는 것은
결국은 내 안에서 신성을 만나기 위한 과정이다.

중매

남자와 여자를 연결해주었으면 이제 두 사람이 서로 알아서 잘 살 수 있도록 중매쟁이는 빠져주어야 한다. 행복하냐, 밥은 뭘 먹냐, 이불은 덮고 자냐, 일요일엔 뭐하냐? 관여할 필요가 없는 것이다.

종교도 인간을 신과 연결해주는 역할을 다했으면 빠져야 한다. 좋은 일을 했는지, 나쁜 일을 했는지, 거짓말을 했는지, 일요일엔 나왔는지 관여하지 말고 스스로 바라볼 수 있도록 묻지도 따지지도 말아야 한다.

세뇌

아직도 환경 파괴나 민족 간, 또는 각 나라 간

이기주의에 의한 전쟁, 그리고 기아 문제가 해결되지 못하고 있는 것은
종교가 깊이 잠들어있기 때문이다.
날아갈 듯 행복하다면 교회와 절을 찾는 사람이 과연 몇이나 될까?

그래서 종교에서 하는 일들은
죄의식과 카르마를 반복적으로 주입시키는 것과
두려움을 갖도록 세뇌하는 것이다.

세상의 주인

우리는 살면서 종교를 선택하고 신을 따르고 있다.
그렇다면 개종을 하고 신을 선택하기도 하는 그대는 누구인가?
신의 선택이 아니라 그대의 선택이라면
그대야말로 세상의 주인이다.

분명하다

그대의 진정한 스승은 그대이다.

그대의 스승은 그대이기 때문이다.

누군가 그대에게 무슨 말을 해도 그대가 받아들이고 싶으면 받아들이고 받아들일 수 없다면 받아들이지 않기 때문이다.

판단과 선택, 깨달음 그것이 무엇이든 그대만 할 수 있다.

그러하니 그대의 스승은 그대가 분명하다.

그대는 이미 깨달은 자이다.

스승과 친구

내가 그대의 스승이 되면 비교와 분별을 하게 될 것이고
내가 그대의 친구가 되면 좋은 인연이 될 것이다.
사람들이 오해하는 것은 자기 수준만큼 생각하기 때문이다.
그래서 스승들은 눈높이만큼만 다가간다.

연결된 하나

호수의 물이 수증기가 되어 구름이 되고, 다시 비가 되어서 내리면 시

냇물이 되어 호수에서 만나게 된다. 사라진 것이 아니라 변형된다. 똑같은 호수의 물이지만, 그 물은 시간과 공간이 다른 물이다. 호수에 내릴 수도 있고 산이나 들에 내려 다시 시냇물이 되어 호수에 도달한다. 물이 구름이 될 수도 있고 물을 통해 나무가 자라기도 하지만 다른 것이 아니다. 모든 것은 분리될 수 없는 연결된 하나이다.

人乃天

하늘의 구름은 걷히고 곧 사라질 것이다. 그것을 아는 것이 깨달음이다. 구름은 감정과 시련 같은 것, 그대는 본질적으로 맑고 푸르고 자유로운 하늘 같은 존재이다. 그러니 시련을 두려워하지 말라. 그 모든 것을 받아들이고 비웠을 때, 그대 안에서 하늘을 만나게 된다.

人乃天 [인내천]은 사람 안에 하늘이 있다는 의미이다. 사람이 곧 신이라는 뜻이다. 손, 발, 머리 등 따로 분류할 수도 있지만 인간으로 통합된다. 손도 발도 머리도 인간 속에 포함된다. 신이 우주를 창조했다면, 우주 속에 포함된 그대는 누구인가? 그대도 신의 일부이기에 분리될 수 없는 신과 하나이다. 손과 발이 인간의 일부가 되듯 우주의 일부인 그대도 신이다. 그래서 우리 모두는 분리될 수 없는 하나이고 일체성이다.

신과 같은

제대로 된 종교에는 두려움이 없다. 사람들은 신을 만나기 이전에 그 종교인을 보고 종교를 선택할지 말지를 결정한다. 내세의 천국을 이야기할 것이 아니라, 지금을 천국처럼 살 수 있다. 그런 교리라면 전도를 하지 않아도 찾아오게 되어 있다. 그렇다면 그대 자신이 먼저 천국을 누리는 신과 같은 모습이 되어야 한다. 그것은 가장하거나 행복한 척 꾸며서 나오는 것이 아니라 자연스럽게 우러나오는 것이어야 한다. 신과 같은 무한한 사랑을 그대를 통해서 체험할 수 있도록 해야 한다. 그대가 경험한 천국을 느끼게 할 수 있어야 한다.

신이 우주를 만들고 인간을 만들고 세상을 만들었다면, 생활 속에서 일어나는 모든 것은 신의 작용일 수밖에 없다. 그렇다면 그대와 나, 우리는 지금 신으로서 이야기하고, 신으로서 행동하고, 신으로서 노래하고 있다.

내세울 것이 없는

어떤 존재로 살고 싶은가?
불완전한 존재, 안타까운 존재, 미완의 존재, 육체적인 존재, 마음 적인 존재, 영적인 존재, 신비로운 존재, 근원적인 존재, 궁극적인 존재, 무한한 존재, 완전한 존재, 벗어난 존재, 신성한 존재, 영원한 존재, 신적인 존재, 내세울 것이 없는 존재

악마

진정한 종교에는 악마가 있을 수 없다. 그 종교 자체가 신성하다면 어떻게 악마가 찾아올 수 있겠는가? 세상을 신이 창조하였다면, 악마도 신이 만든 창조물이다. 그 또한 신이 만든 창조물이기에 특별히 두려워할 이유가 없다.

환불약정

어떤 사람이 새로운 사업과 이사를 알아보기 위해 점쟁이를 찾아갔다. 점쟁이의 말을 듣고 시작한 사업이 부도가 나자, 그 점쟁이를 찾아가 난리를 쳤다고 한다.

누구의 잘못인가, 과연 누가 잘못되었다고 생각하는가? 점쟁이는 자기가 아는 만큼만 이야기했을 뿐 믿고 안 믿고는 당사자의 책임이다. 그래서 모든 것은 내 탓이다. 입시를 앞둔 종교단체에는 내 자식이 합격되도록 기도해달라고 많은 사람들이 돈을 갖다 바친다. 이제 돈을 받았으니 붙게 해줘야 하는 책임이 생겼다. 종교 지도자들이 경을 외우고 기도를 하기 시작한다. 중립을 지키며 인류에 대한 사랑과 자비를 나눠야 할 그들이 돈을 받았으니 입시에 붙게 해주어야 한다.

그렇지만 모두가 다 붙을 수는 없다. 현실은 그러하다. 결과에 대해 그들이 새벽잠을 안 자고 기도를 했는지, 잠을 푹 자고 정성을 안 쏟았는지는 알 수가 없다. 그리고 보면 우리는 자신들의 종교에 대해서는 참으로 관대한 편이다. 붙지 않으면 환불을 받든지, 일부라도 되돌려 받아야 종교 지도자들도 책임을 느낄 것이다.

붙게 할 수 있는 기도빨이 없다면, 돈을 받으면 안 되겠지만 무엇보다도 신도들이 변화되어야 한다. 가방이나 옷을 구입하고 잘못되면 당당히 환불을 요구하는 것처럼, 이 또한 불합격하고 7일 이내에 환불받을 수 있는 규정을 요구해야 한다. 점쟁이와 종교 지도자의 사례처럼, 결국 모든 건 자신의 책임으로 되돌아온다. 그러니 자신의 삶을 누군가에게 의지하는 것 자체가 이미 책임회피이다.

십계명

종교의 십계명은 한결같이 하지 말라고 한다.

'하지 마라!' 대신에 하라고 한다면 그 의미는 달라질 수 있다. 하지 말라는 것은 행동을 경직되게 한다. 그리고 놀랍게도 그것을 하고 싶게 만든다. 그토록 많은 종교가 있어도 평화가 멀리 있는 것은 하지 말라는 부정성 때문이다.

웃어라, 잘 먹어라, 춤춰라, 노래해라, 운동해라, 잘 자라, 건강하게 섹스해라, 이웃의 아내가 아름다우면 칭찬해라, 모든 종교를 존중해라. 이제 불필요한 계명을 없애고 각자의 신성에 맡겨야 한다.

무엇을 하라는 것도 궁극은 아니다. 궁극에 가까워지고 싶다면 억누르거나 쌓아두지 말아야 한다. 그것이 무엇이든 강요하지도 말아야 한다. 우주가 흘러가듯 자연스럽게 맡겨야 한다. 노래하고 웃다 보면 아이와 같은 자가 되고 천국처럼 살 수가 있다.

교주가 되어라

그대 스스로의 교주가 되어야 한다. 다른 사람들에게 사이비로 보일까 봐 눈치가 보인다면, 우선은 그대 스스로만 알고 그대만의 교주가 되어야 한다. 우상이나 교주에게 쏟는 에너지만큼 그대를 아끼고 사랑한다면, 주위에 있는 모든 사람들이 그대를 보고 느낀다. '와 자신을 저렇게도 사랑할 수 있구나!' 그들도 스스로를 사랑할 수 있는 계기가 된다. 그들도 외부가 아닌 자신을 교주로 섬기고 사랑하게 된다. 이런 세상이 와야 한다.

너 자신을 알라

잠자고 있을 것인가? 깨어날 것인가?
세상 사람들은 배고픔 없이 아프지 않고 오래 살고 싶어한다.
그렇다면 왜? 배부른 돼지보다 배고픈 소크라테스가 낫다고 하는가?
천 명을 배부르게 하는 삶보다
한 명의 의식을 깨우는 것이 더 가치가 있기 때문이다
그대가 돼지 같은 잠에서 깨어난다면 배부른 소크라테스가 될 수 있다.
의식적으로 깨어난다면 물질적인 공허함이 사라지기 때문이다.

방향

깨달은 자를 떠받들거나 그와 똑같은 깨달음을 모방하지 말라.
그와 같은 행위는 나를 가난한 자로 만든다.
나를 발견하면 이미 풍요로운 자이다.
이미 지구별에서는 80억이 넘는 깨달음이 나왔다
나를 알면 천국에 이른다. 모두가 부처이다. 너 자신을 알라.
이와 같이 표현 방식은 다르되 진리의 방향은 같은 지점이다.
스승들의 아름다운 메시지이지만, 그들로 인해 종교가 생겨났다.
이제 종교만 사라진다면 지옥도 천국도 극락과 연옥도 사라질 것이다.

의식의 파장

스승은 각각의 사람에 맞는 말을 하지만,
사람들은 오히려 통일되지 않은 말이라고 혼란스러워한다.
하지만 통일된 말을 하여도 그들은 혼란스러워한다.
깨달은 것과 깨닫지 못한 차이 때문이다.
시대가 다르고 환경이 다르고 언어가 다를 뿐
시간이 지나 제자가 스승의 말을 전하겠지만,

전하는 것과 나누는 것의 차이가 드러난다.
전하는 것은 몇 장 몇 절을 전하는 것이기에
내 것이 아니다 그래서 파장이 다르고 깊이가 다르다.
같은 언어라도 예수가 하는 말과 베드로가 하는 말은 다르다.
대상에 맞는 안내와 의식의 파장이 다르기 때문이다.
오직 경험하고 내 것인 것만 진정 나눌 수 있다.

8학년

중도란 모든 것을 통찰하여 어디에도 치우치지 않지만

어디든 넘나들며 즐기는 완전한 자유

중도

육체적으로 단식과 폭식, 다이어트와 비만, 아름다움과 추함, 감정적으로 좋고 싫음, 사랑과 미움, 생각의 맞고 틀림에 영향 받지 않고 정치적으로는 좌파, 우파, 진보, 보수 어디에도 치우치지 않고 그저 지켜볼 수 있다. 아름다움과 추함, 부와 가난, 존재와 비존재, 성인과 죄인, 태어남과 죽음, 있다와 없다. 중도는 어떠한 양극에도 영향받지 않는 무극이다.

따라온다

명예를 가지게 되면 곧 권력이 된다. 마찬가지로 권력을 가져도 명예가 필요하게 된다. 그 양쪽을 다 가져도 돈이 필요하고 더 많이 가지길 원한다.

나는 어디로 가고 있는가? 어느 누구도 예외 없이 어딘가를 향해 달려가고 있다. 오직 깨어 있는 자만이 어딘가로 달려가지 않고 중심에 머문다.

오직 영적으로 깊어져라 나머지는 저절로 따라온다. 이것이 무위적인 끌어당김이다.

하심

하심은 낮추는 것을 말하는 것이 아니다. 낮춘다는 것은 높은 것을 낮추는 의미이기에 마음이 없어야만 가능하다. 마음이 없으면 분별하거나 부딪침이 사라지기에 누구에게나 다가갈 수 있다. 제자의 하심은 아직 부딪침이 남아있다. 그래서 진정한 하심은 제자가 하는 것이 아니라, 스승만이 할 수 있다.

실현

지식으로 아는 것 이론적 경험
명상으로 아는 것 간접 경험
진리의 길을 걷는 것이 직접 경험이고 실현이다.
명상은 길을 알려주는 네비게이션이다.

다 똑같다

비오는 날 회원들과 적멸보궁에 간 적이 있다.
붓다의 사리가 있는 곳이다.
처마 밑에서 명상을 하고 있다가 떨어지는 빗물을 맞았다.
빗물이 떨어지는 어깨 부분만 옷이 젖었다.
자리를 이동하려다 순간적으로 떠오른 것은 빗물도 허상이었다.
그렇다면 사리 또한 허상이 아닌가?
붓다는 사리라는 허상을 남겨놓고
깨달음을 성적인 억압으로 만들었구나.
고통과 번뇌도 없다. 고행과 깨달음도 허상이다.
사리가 있는 곳까지 힘들게 올라오지 않아도 된다.
깨달음이란 집에서도 길을 걸으면서도 그저 자각만 하면 된다.
사리도 남기자 말라.
모든 것이 허상인데 사리만 예외일 수 없다.
성을 초월하고 자유롭게 넘나든 서양의 붓다 구르지예프는
아름답다.

시간도 허상이고 과거와 미래도 없다.
시간의 굴레 속에서 행위 하는 자들만 영향을 받는다.

붓다는 태어난 적이 없으며
인식하는 내가 사라지니 현상계는 존재하지도 않는다.
불교도 기독교도 그리스도와 붓다도 깨달음도 허상이다.
붓다와 그리스도의 고귀한 죽음이나 그냥 아무렇게나 죽음이나 다 똑같다.

그냥 깨닫자

시간은 흐르지 않기에 깨닫기에는 시간이 부족하다.
그렇지만 시간이 존재하지 않기에 시간의 구속에서 벗어날 수 있다.
언제라도 이 순간에도 깨달을 수 있다.

종교에서 경전을 다 외워도 못 깨닫는 것은
깨달음에 대한 주입과 지루한 학습 때문이다.
'그냥 깨닫자' 이것이면 된다.
물론 그럴 필요도 없다.
깨닫고자 하는 그대는 태어난 적도 생일도 없다.
수성 인성 신성의 순서도

과거 현재 미래의 순서도 없다.

시간은 흐르지 않기 때문이다.

원래부터 시간은 존재하지 않았다.

그대가 명상을 하고 깊어지면, 시간이 존재하지 않음을 저절로 알게 된다.

9학년

신에 대한 그리움보다 모두가 신이라는 깨달음이 먼저이다

길

싯다르타가 붓다가 되는 길
예수가 그리스도가 되는 길
죄인이 성인이 되는 길
꿈꾸는 자가 깨어 있는 자가 되는 길

이미

그대라는 육체를 통해서만 신을 만날 수가 있다. 그대의 육체는 우주와 연결된 첫 번째 문이기 때문이다. 마음을 지나면서 그 문은 이미 열려있음을 알게 될 것이다. 왜냐하면 처음부터 닫힌 적이 없었다. 사람 안에 하늘이 있었다는 뜻이다. 이미 근원이다. 그대는 우주와 하나이고 신과 하나이다.

마음 작용

나무관세음보살, 아멘, 아버지 하나님을 반복해서 찾다 보면 효과가 있다. 그렇지만 그것은 실제의 작용이 아니라 마음이 만들어 낸 효과에 지나지 않는다. 아픈 것은 몸이지 내가 아픈 것은 아니다. 힘든 것은 마음이 힘든 것이지 내가 힘든 것은 아니다. 때문에 나와는 상관이 없다. 그 나를 알면 천국이고 신이다.

종교란

반복하고 되풀이해서 믿는 것은 진리가 아니라 세뇌이다. 어렸을 때부터 기독교 집안에서 태어났다면, 하늘 위에 신이 있다고 믿을 것이다. 어렸을 때부터 불교 집안에서 태어났다면 신이 없다고 믿을 것이다. 단지 그 차이뿐이다. 무엇이든 정답이고 무엇이든 정답이 아니다.

창조자와 창조주

창조자는 사람이고 창조주의 아들을 말한다.
창조자는 집을 짓고 자동차를 만들고 노래를 작곡하지만,
창조주는 우주를 만든 신이기에 창조자의 아버지이다.
창조자가 성장하면 창조주가 된다.

신격

이제 인격에서 신격으로 살아라.
노력할 필요가 없다 내가 하는 말이 다 신의 말이다.
그저 신으로서 말하고 행동하면 된다.
인간으로서 할 수 있는 모든 것이 다 신의 행동이다.
신에게는 양심 비양심이라는 개념도 없다.
수치심과 사랑, 죄의식과 평화를 자유롭게 넘나드는 신심으로 살아라.

전지전능

돈이면 다할 수 있다.
깨닫기 위해서 사용할 수 있다.
돈은 전지전능하다.
하지만 돈이 없어도 된다.
이미 신이기 때문이다.
명상하라
신을 알고 신이되는 경험을 한다.

전체성

인간에게 머리, 가슴, 생각과 감정이 연결되어 있다.
지구에는 바다와 육지, 아시아, 아프리카, 북극과 남극이 있다.
우주에는 지구, 태양, 달, 무지개와 은하수가 있다.
이렇게 점점 확장될수록 전체성이 된다.
그 전체성은 태어나고 죽는 것과 상관없이
모든 것과 연결된 하나이다.
나는 사랑하는 사람과 이별하여도 분리되지 않았고,
우주와도 분리된 적이 단 한 순간도 없으니
나는 우주이고 모든 것이다.

진리이다

존재적 기쁨은 마음이 파괴될 때 기쁨을 경험한다.
마음은 조건에 또 다른 조건을 만들며 기뻐한다.
그 조건에 조건이 사라지면 기쁨도 사라진다.
그래서 마음이 만든 기쁨은 일시적이다.
있는 그대로 기뻐할 수 있어야 한다.

절대적인 기쁨은 조건과 무관하다.
예외 없이 누구나 언젠가는 내려놓아야 할 진리이지만,
나를 기쁘게 하는 조건들을 하나씩 제거해보라.
불안과 두려움이 밀려오겠지만 내려놓음으로써
텅 빈 풍요를 경험하게 된다.
한번 시도해보라.
지금 그대의 행복이 조건으로 만들어진 것이라면 모래성과 같다.
바람이 불 때마다 조금씩 흘러내리고 있다.
그것을 지키기 위해서 무엇을 하고 있는가?
숨기거나 감추고 있을 것이다.
내려놓은 자는 더 이상 숨기거나 감출 것이 없다.
사람들은 유명하고 특별해지려고 한다.
헤아릴 수도 없는 수많은 삶을 살아왔고 이미 그대도 유명했거나
아니면 앞으로 유명해질 것이다.
지나왔으니 아쉬울 것도 없고, 앞으로 다가올 것이니 조급할 이유도 없다.
지금 여기에서 그냥 살아가다 보면 저절로 알게 된다.
그것이 진리이다.

철학 교수

명상을 하러 철학 교수가 찾아온 적이 있다. 요람 명상을 안내하면서 갈대가 되어보라고 했다. 블레이즈 파스칼이 왜 인간은 생각하는 갈대라고 했는지 이해가 된다고 했다. 자연 속에서 인간이 왜 갈대처럼 연약한지 경험이 되었다고….

하지만 인간은 생각을 하는 갈대인 것 같다. 생각을 하는 것이 얼마나 대단한지 사유함으로써, 위대한 꿈을 이룰 수 있다고 하였다. 그와 같은 것을 느꼈냐고 묻자, 그렇다고 한다. 아직 명상 입구에도 들어가지 못했다.

더 깊이 들어갈 수 있도록 안내했다. 그는 명상이 되지 않아 생각하고 궁리하는 게 느껴졌다. 그리고 나서는 내가 존재함을 알겠다고 한다. 생각하라, 고로 나는 존재한다. 데카르트는 철학의 창시자이고 어쩌고 나열하기 시작하더니, 깊이 생각하고 판단할 수 있는 존재의 위대함을 칭송한다고 한다.

놀라운 일이다. 그에게서 생각이 사라지지 않는다. 생각하는 갈대가 한 줄기가 아닌 수백 개가 되었다. 잠시도 눈을 고요히 감지 못한다. 지식적이고 논리적이며 무지하다. 그를 보면서 인간은 생각하는 갈대가 맞는 것 같다.

그는 여러 명제를 동원하여 나를 설득시키려 했다. 그래서 명상을 경험한 적이 있는지 물었다. 명상을 했다고 하지만 이론적인 행위자였을 뿐이다. 명상을 경험해야 대화를 할 수 있을 것 같으니, 머리를 그만 쓰고 땀을 흘리도록 리나(리탐 나마스카라, 절체조)를 안내했다. 그리고 명상을 경험했다. 생각이 사라지고 자유롭고 편안하다고 한다. 그리고 밝은 빛을 느꼈다고 한다. 생각이 많을 때와 생각이 사라진 지금 어느 쪽이 더 위대하게 느껴지는가? 생각이 비워진 지금이라고 ...

생각이 멈출 때, 생각이 사라질 때
그때 인간은 더 위대하다.
인간계에서 신계로 들어간다.
생각이 많을수록 위대함에서 멀어진다.
생각이 사라질수록 신에게 가까워진다.

주변을 둘러보라

11조를 당당하게 내고 있는 이들을 살펴보라.

그들은 어떻게 돈을 벌어서 그 많은 헌금을 내고 있을까?
그들이 부러운가?
그대들은 그렇게까지 벌어서 낼 필요는 없다.
돈을 버는 방식이 중요하다.
그것으로 이미 천국행, 지옥행을 예약할 수 있지만 천국은 티켓을 끊어서 가는 곳이 아니다.
천국조차도 물질세계와 다름이 없다면
왜 그곳을 가려고 하는가?

천국은 의지를 통해서만이 갈 수 있다.
사후에 갈 수도 있고
지금 바로 천국처럼 살 수도 있다.
어제를 지옥처럼 보냈다고
오늘도 지옥처럼 보내야 할 이유는 없다.
미움 대신 사랑을 선택할 수 있는 것처럼
사랑 대신 미움을 선택해도 천국을 갈 수 있다.
천국과 지옥이 허구라는 것만 알면 된다.
그 허구를 벗기만 하면 언제든 천국이 될 수 있다.
천국의 관념을 벗는 순간 이곳이 천국이다.
천국이 더 이상 사후세계에 있다는

무지함에서 벗어나야 한다.
천국은
신이 아니라 그대에게 달렸다.

나마스떼

깨달음이 높을수록 대중과의 거리는 멀어진다.
의식의 차이가 많이 나기 때문이다.
깨달음이 높을수록 대중과의 거리는 줄어든다.
벽이 사라지기 때문이다.
그리스도와 붓다는 신앙이나 추앙의 대상이 아니다.
본질적이고 내면적이다.
그대 안에 그리스도와 붓다가 있다.
대중적인 문화는 내면적인 것에는 관심이 없다.
그들은 외부에만 관심이 있다.
그것이 환상이지만 그들에겐 진짜 세계이다.
나는 어디로 가고 있는가?
외부인가, 내부인가?
내면으로의 여행이 시작되는 날

나마스떼…….
인간이었던 당신 안에서 신을 만나게 된다.
아, 내가 신이었구나!

인사

그대 안의 신성은 안녕하세요?
그대 안의 사랑은 안녕하세요?
그대 안의 마음은 안녕하세요?
그대 안의 기쁨은 안녕하세요?
그대 안의 분노는 안녕하세요?

다 같은

신
신선
신난다.

신명 난다.

신용불량자

신경통

신바람

신라면

신구

신문

신세계

신발

신비

누구나 다

편협한 신은 천국과 지옥을 만들고,

관대한 신은 모두가 신이 되도록 깨달음을 만들었다.

편협한 신은 상대적이다.

죄와 11조를 통해서 천국과 지옥으로 보낸다.

관대한 신은 절대적이다.

누구나가 다 천국을 깨달을 수 있도록 했다.

개종

경전을 옆에 끼고 계속 신을 찾아다니는 사람은 신앙인이다. 폼만 잡고 있을 뿐, 아직도 신을 만나지 못한 사람이다. 신앙은 신을 위에 두고 받든다는 뜻이다. 신을 만난 사람은 더 이상 지식적인 것은 필요치 않다. 더 이상 배움도 필요하지 않음을 알게 된다. 학교 공부가 끝난 학생들이 교과서를 집어 던지는 것과 같다. 이제 더 이상의 지식은 필요하지 않다.

신을 찾아 어디를 가지 않아도 된다. 이미 내 안에 있었음을 알고 언제나 고요하고 사랑으로 충만하다. 오로지 신을 만나지 못한 사람들만이 시끄럽다. 그대가 깨어 있다면 어디에서나 신을 만날 수 있을 것이며, 만날 이유조차도 없다. 신은 이미 그대이기 때문이다.

누가 더

나 이외 다른 신을 섬기지 말라는 신과 다른 종교로 개종하는 인간 중에 누가 더 신처럼 보이는가? 나 이외 다른 신을 믿지 말라는 말속엔 불안과 두려움이 있다. 이것을 알아차릴 수 있는 것은 신의 말이 아니기 때문이다. 신은 언어 이전이다. 신은 언어로서는 만날 수가 없다. 느낌으로 호흡을 통해 침묵을 통해서만 만날 수가 있다. 호흡 속에서 침묵하고 있는 그대라면 이미 만났다. 그대가 신이기 때문이다.

다른 종교로 개종하는 자는 누구인가? 그는 신이다. 종교를 개종한다는 것은 나 이외 다른 신을 섬기지 말라고 하는 신을 바꾼다는 의미이기에 두려운 인간으로서는 감히 불가능하다. 신이 아니라면 가능할 수가 없다. 그래서 신은 인간을 창조했지만, 인간 역시 신을 창조하고 있다.

물 위를 걷는 자

이 세상에서 일어나고 있는 모든 것은 내 마음이 창조했다.
내 마음에서 투영되어 일어난 창조물이다.
존재는 어떤 것도 창조하지 않는다.
마음이 창조한 것을 있는 그대로 그저 지켜볼 뿐이다.
그는 있는 듯 없는 듯하다.
육체를 가졌으니 이 세상 사람 같지만
의식 차원에서는 이곳에 없다.
그래서 있기도 하고 없기도 하다.

밥을 먹고 화장실을 가겠지만 마음을 쓰지 않기에 행위라고 할 수 없다.

그는 움직인 것이 아니다.

달리기를 하고 노래하고 춤을 추더라도 목적성이나 계획적인 것이 아니다.

육체적으로 움직이지 않고 가만히 있는다고 해서 무위가 아니다.

무위는 내적인 의식 상태이다.

강물 속에 있어도 젖지 않는다.

옷이 젖고 육체는 젖겠지만 에너지 체이고

허공 같은 존재는 물의 영향을 받지 않는다.

그래서 그리스도처럼 물 위를 걸을 수 있는 것이다.

그리스도는 물 위를 걸을 수 있지만 예수는 걸을 수 없다.

독생자만 물 위를 걷는 것이 아니다.

그대 또한 하나님을 아버지라고 부르고 있지 않은가?

외아들, 유일한 아들이라는 의미는 육체적으로는 남자라는 뜻이지만, 영혼, 신성 차원에서는 남녀라는 개념 없이 중성이다.

하나님을 아버지라고 부르는 아들, 딸은

모두가 다 아버지처럼 될 수 있다.

그러니 신이 될 수 있고 물 위를 걸을 수도 있다.

영화, 막달라 마리아의 부활의 증인에서
그리스도는 현존이 천국이라고 했다.
100% 동의한다.
현존이란 지식이 아니라, 하나의 체험 속에서 눈을 뜨는 것을 말한다.
의식의 눈을 뜨는 순간 마음이 사라진다.
과거의 후회도 미래의 두려움도 다 허상이라는 것을 안다.
시간은 흐르지 않는다.
과거와 미래도 없다.
과거와 미래는 일직선상의 다른 지점일 뿐이다.
그것을 지금 깨달은 지점이 현존이다.
현존은 지금이라는 좁고 편협한 지점이 아니다.
일직선을 벗어나서 바라보는 초월의 지점이 현존이다.
현존 속에서는 과거와 미래가 다 보인다.
그래서 현존은 지금만이 아닌 과거와 미래를 다 바라볼 수 있다.
현존은 깨달은 지점이다.
과거에 대한 후회와 미래에 대한 두려움이 없다.
특별히 내세를 기다려서 천국에 갈 이유가 없어진다.
그에게는 이미 천국이 시작되었다.
지금도 천국 내세도 천국이다.

창조주

우주를 신이 만들었다. 천지창조이니 그 속에 포함된 천사와 요정, 악마와 사탄도 신이 만든 것이다. 신이 만들었다면 왜 그런 것들을 만들었을까? 악마를 신이 만든 적이 없다면, 신을 이용하는 종교 지도자들이 만들었을지도 모른다. 그런데 인간을 신이 만들었으니 종교 지도자도 신이 만들었다. 모든 게 신의 작품이다. 태양과 달, 빛과 어둠, 부와 가난, 부자와 거지, 죄인과 성인, 욕도 신이 창조했고 거짓말도 신이 창조했고, 간음도 신이 창조했다. 신이 이유가 있어서 창조했을 터이니 잘못된 것이 없다. 그것이 잘못되었다면 신이 잘못된 것이다. 그러니 여러분들이 무엇을 하든 잘못된 것이 없다. 아들이 성장하면 아버지가 될 것이다. 그대도 창조주 아버지인 신의 창조물이니 성장하여 곧 창조주가 될 것이 분명하다.

없다

신은 있다 해도 맞고, 없다 해도 맞다.
언어로서는 설명할 수 없으니 없는 것이 더 맞다.

그렇다

신은 내 안에 있는가 하늘에 있는가? 하늘, 지구는 우주라는 공간 속에 있는가? 그렇다, 나는 하늘 속에 있는 지구 위에 있다면 나는 하늘 속에 포함되어 있는 것이 맞다. 그렇다면 신은 하늘이고 나도 하늘 속에 있다면 신과 나는 분리 될 수가 없는 하나인가? 그렇다.

신은 어디에

어느 종교 지도자를 통해 교회를 가야 신을 만날 수 있다는 이야기를 들었다. 그렇다면 교회가 사라지면 신도 사라지는 것일까? 신은 어디에 있는가? 교회 담장 밖에서는 신을 만날 수가 없는가? 교회 정문을 기준으로 안쪽인가, 예배당인가, 성경 안에서인가, 설교를 하는 목사를 통해서인가?

성경 속에서도 만날 수가 있다면, 휴일 날 햇빛이 잘 드는 창문에 기대앉아 성경을 읽어도 되지 않을까? 인류 역사상 가장 바보 같은 집단은 자기 종교 안에서만 신을 만나는 사람들이다. 그들은 그곳을 제외한 이 세상 어느 곳에서도 신을 만날 수가 없기 때문이다. 신을 특정한 건물 속에서만 만날 수 있다면, 그들의 신은 부피적으로 너무나 작고 왜소할 수밖에 없다.

등불

신성, 불성은 잠들지 않는다.
잠이 든 적도 없다.
언제나 꺼지지 않는 등불 같은 것이다.
그 등불은 어둠과 빛이라는 이원성이 아니다.
어둠도 없고 빛도 없는 차원으로 안내하는 등불이다.
그 등불은 명상 속에서 만날 수 있다.

그는 창조주

명상은 이완된 깨어 있음이다.
깨어 있지 않은 긴장은 마음 작용이다.

마음 적인 이완은 게으르고 무기력하다.
진정한 이완은 마음의 사라짐이다.
명상은 육체를 벗어난 차원이기에 긴장감이 없다.
텅 비어있으면서도 꽉 찬 상태이다.
명상이 깊어지면 다차원적으로 느끼고 바라보고 듣는 것이 가능하다.
죽은 자를 만날 수 있고 살아있는 자도 만날 수 있다.
멀고 가까운 거리와는 상관없다.
모든 것이 가능하다. 무한하다.
그는 창조주이다.

신은 누구인가?

신을 많은 책 속에서 만난 지식인이 스승을 만나 신에 대한 이야기를 나누고 있다

스승: 신을 만나고 오라.
지식인: 여기서는 만날 수 없다.
스승: 그렇다면 밖에 나가서 만나고 오라.
지식인: 하늘 나라에 계시는 아버지이시기에 밖에서도 만날 수가 없다.

스승: 하늘 나라가 어디에 있는가?

지식인: 죽어야만 갈 수 있는 곳이다.

스승이 거울을 가리키며 지식인을 앞에 서게 했다.

스승: 거울 속에 있는 이가 너의 신이다.

지식인: 말도 안 되는 소리를 하고 있다.

스승: 사람의 아들을 무엇이라고 부르는가?

지식인: 사람

스승: 신의 아들은 무엇이라고 부르는가?

지식인: 신

스승: 그대는 신을 무엇이라고 부르는가?

지식인: 아버지

스승: 아들이 성장하면 무엇이 되는가?

지식인: 아버지

스승: 신을 아버지라고 부르는 그대는 누구인가?

지식인: …신…의… 아들

스승: 신의 아들이 성장하면?

지식인: 신

누가 말도 안 되는 소리를 하고 있는가?

다신동체

인격 신격 무격
인연 신연 무연
인심 신심 무심
신이 인간의 몸으로 사는 인생

자신

스스로 신이다 생각하고 자신만의 경전을 써보라!
일기를 쓸 때와는 달리 겸허해지고 거룩해질 것이다.
머리로 달달 외운 수많은 경전은 죽은 지식일 뿐이다.
세상이 변화되길 원한다면 그대가 먼저 변화되어야 한다.
그대 또한 세상의 일부이기 때문이다.
일부가 깨닫고 변화되면 전체가 영향을 받는다.
자신만의 깨달음이 나올 수 있도록 신의 놀이를 해 보라.

호칭

어느 훌륭한 전도사가 원주민들이 사는 곳에 가서 신에 대한 지식을 전해주고 있었다. 그곳의 원주민들은 절대자인 신을 '꽥꽥이'라고 오래전부터 불러왔다. 전도사가 신으로 부를 수 있도록 교육을 시키고 강요했다. 본질적으로 같은 것을 언어가 다르다는 이유로 다르다고 할 수 있을까?

근원

육체적인 탄생과 영적인 탄생은 다른 차원을 의미한다.
육체적인 탄생은 보이는 세계의 탄생이다.
영적인 탄생은 보이지 않는 세계의 탄생이다.
영적인 탄생은 보이는 세계와 보이지 않는 세계를 통합한다.
영적인 탄생이 깊어지면 통합도 사라지고 일체성이 된다.

일체성이라는 것은 육체적인 탄생과 영적인 탄생이 둘이 아닌 하나라는 의미이다. 육체와 영혼, 너와 나, 여성과 남성, 민족과 나라, 흑인과 백인 등 모든 분별은 사라지고 우리 모두는 하나가 된다. 근원적으로는 우리, 모두, 하나라고도 표현할 수 없다.

관상

깨어 있지 않은 종교는 신의 호칭으로 다투고
경전의 지식으로 크고 작음을 비교하고
서로가 분리되도록 배척한다.
화합과 사랑, 영성과 자비는
투표를 위한 권력이고 정치적인 도구가 되었다.

정치에 입문하면 욕심이 많아지고 전혀 다른 모습으로 변한다. 그들의 정치는 먼저 얼굴로 드러난다. 그래서 관상은 '과학이다'라고 한다. 정치의 방향도 비전도 없으니 위태로움은 인류와 중생들에게 돌아간다. 그들을 통해 고통과 위태로움이 일어나는 것은 옳은 일이다. 환상의 세계를 추구하던 대중들이 깨어날 수 있는 계기가 되는 전환점이 될 수 있다.

꿈을 깨워줄 수 있는 안내자가 종교여야 하지만, 오히려 그들이 더 깊이 잠들어있다. 그래서 진리가 아닌 욕심과 권력에 눈 먼 관상이 그 역할을 대신하고 있다.

지금 깨어나든 내일 깨어나든 다음 생에 깨어나든 각자의 선택이기에 특별히 관여할 일은 아니다. 존재 차원에서는 잘못될 것도 없으며, 그래서 모든 것이 옳다. 지금 알 수 있는 것은 각자 의식 레벨에 맞는 길을 걷고 있으며, 지금 할 수 있는 일을 하고 있는 것뿐이다. 그리고 곧 깊은 잠을 자고 난 듯 꿈에서 깨어날 것이다. 그렇지만 두려워 말라, 예외 없이 누구나 다 깨어난다.

그것은 신성이고 불성이다. 80억의 신이 존재한다. 각자가 보고 듣고 자란 대로 해석하고 창조하기에 유일한 신은 존재할 수 없다. 바라고 원하는 것도 다르며 해석하고 다가가는 방식도 다르다.

종교성과 종교

신을 아버지라고 부르면서 스스로 죄인이라고 하는 그곳은? 종교
존재 그 자체는 사랑이고 자비인 것은? 종교성
종교는 필요가 없다. 포장지일 뿐 종교성이면 된다.

많은 신앙인들이 포장지에 돈을 사용하고 있다.
근엄하고 무거운 포장지를 풀고 빛나는 알맹이를 꺼내야 한다.
더 이상의 포장지는 필요 없다.

개를 알아본다

어떤 종교 지도자에게 당신이 믿고 있는 신을 믿고 따를 수 있도록 설명해 줄 수 있겠느냐고 질문했더니. 그는 옆구리에 끼고 있던 두툼한 경전을 펼쳐 들고 하늘을 가리키며 목이 쉬면서까지 설명해주었다. "어느 누구도 변화시킬 수 없다. 그저 경전의 내용을 전달하는 자일 뿐이다." 다시 한번 더 당신이 믿고 있는 신에 대해 이야기해달라고 말했더니, 믿지 않으니 참으로 어려운 질문이라고 했다. 그래도 믿을 수 있도록 설명해 달라고 했다. 그가 말하길, "믿지 못하는 것, 그것이 인간의 한계"라는 거였다.

신은 설명이 아닌 자신이 신일 때만 만날 수 있다.
개는 개를 알아본다. 인간도 인간을 알아본다. 신도 신을 알아본다.
오직 신일 때만이 신을 알아볼 수가 있다.
그러므로 경전을 다 외운다고 신을 만날 수 있는 것이 아니다.

여전히 죄인이기 때문에 같은 죄인만 알아볼 수가 있다.

사실은 그대가 태어나고 죄인이 되어 질문하는 그 자체가 신의 작품이다.
그러고 보면 이 세상 모든 만물이 신의 작품이고
신 안에서 혹은 신으로 생활하고 있다.

전하는 것과 나누는 것

"하나님이 말씀하셨습니다."

이것은 전하는 것이다, 전하는 것일 뿐 자신의 책임은 없다
결과가 어떻게 되었든 하나님의 말씀이기 때문에 나의 책임은 아니다.
스스로 느낀 것을 나누는 것은 자신의 책임이다.
남의 것은 나눌 수 없다. 신의 것도 나눌 수 없다. 오직 자신의 것으로만 나눌 수 있다.

깨어나라

그대에게 사랑하는 신이 있다면
그대는 무엇을 두려워하는가?
그대가 사랑하는 신이 있는데
그대에게 무슨 일이 일어날 수 있겠는가?
신은 모든 것이기에 그대이기도 하다.
그대가 그대를 사랑한다면
신이 그대를 사랑하는 것이기에
어떠한 두려운 일도 일어나지 않는다.
일어난다 한들 그것은 두려운 일이 아니다
신이 그대에게 두려움을 준 것이 아니다.
단지 스스로 인간이라고 착각해서
두렵다고 느끼는 것이다.
그러하니 두려움의 껍질을 벗고 깨어나라.
신은 그대이다.
그대가 그대를 사랑한다면
신이 그대를 사랑하는 것이다.

개종

사람들은 신을 두려워하면서도 알고 보면 두려워하지는 않는다.
기분에 따라 얼마든지 다른 종교로 개종하고 있다.
자신 안에 위대한 신성이 있기 때문이다.
그래서 종교 지도자들이 두려움이 더 많다
신에 대한 두려움보다는 신도들이 줄어드는 것에 대한 두려움 때문이다.

한 마리의 양

울타리 안에 있는 아흔아홉 마리 양보다 잃어버린 한 마리 양을 더 귀하게 여겼다. 그 한 마리의 양은 길을 잃어버린 것이 아니라, 새로운 길을 찾아 나선 것이다.

울타리는 사회, 마음, 안정적인 길이다. 울타리를 벗어났다는 것은 위험하고 불안정한 상태이다. 울타리 안에서 보호받는 안정적인 양보다 산 너머의 세계가 궁금했다. 모험의 길을 떠난 한 마리의 양이 스승에게는 더 아름답게 느껴진다. 산 너머에는 생명을 지켜주고 보호해 줄 울타리도 없다. 배고픈 맹수들이 언제 공격해 올지 모르는 위험한 곳이다. 익숙한 마음에서 알 수 없는 내면의 세계로 길을 떠났다는 뜻이다. 안정된 직장을 내려놓고 떠난 그 길은 부모와 가족의 보호를 벗어난 미지의 세계이다. 스승 예수를 따라나선 제자 마리아의 길이다.

아흔아홉 마리의 양들은 변화가 없는 삶이다. 정해진 계명에 맞춰 살며 변화할 의지가 없다. 기도하고 바라고 이루어지지 않으면 신을 원망하는 그런 삶이다. 그들 중에서 용기 있는 한 마리의 양이 나왔다면 스승은 기뻐할 것이다. 아흔아홉 마리는 울타리에 길들여져 있기 때문에 도망치거나 잃어버릴 염려가 없다. 그래서 그 한 마리 양을 더 귀히 여겼던 것이다.

천국은 겨자씨 안에 있다는 스승의 안내를 따라. 그 한 마리의 양은 보이는 세계와 보이지 않는 세계의 중간지점인 겨자씨 속에 천국이 있음을 느꼈다.

그래서 안정된 울타리를 버리고 그 길을 나섰다.

인간은 사회적인 동물이다

사회 속에서 길들여진 동물이라는 뜻이다.
즉, 인성적 동물이라는 뜻이다. 아직 신성을 모른다.
길들여진 동물과 다를 바 없지만 인간이다.
신성은 길들여지지 않는다.
인간은 사회적인 의미보다는 종교적인 동물이다.
그래서 신성 차원으로 점프할 수 있다.
인간에게는 겨자씨만한 신성이 존재한다.
종교는 신성의 겨자씨가 발현될 수 있도록 안내해야 한다.
원죄, 카르마를 내세워 두려운 종교의 정치를 해서는 안 된다.
원죄와 카르마는 없다.
소멸된다는 것은 생성될 때도 없었다.
판단하는 것을 내려놓아야 한다.
거지도 대통령도 유명인도 일반인도 죄인도 성인에게도 신성이 존재한다.
그러니 무엇을 비교하고 두려워하겠는가?
우리는 다 같다. 비교의 대상이 될 수 없다.

원수를 사랑하는 종교는 존중받아야 하지만
신도를 지배하는 종교는 사라져야 한다.
예수는 원수와 나는 분리되지 않았기에 사랑하라고 했다.
그 의미를 모른다면 원수를 대상으로 바라보고 있다.
우리는 누구도 예외 없이 분리되어 있지 않다.
단 한 번도 분리된 적이 없다.
원수를 사랑하는 것은 나를 사랑하는 것이다.
나를 사랑하는 것이 곧 원수를 사랑하는 것이다.
그 원수가 곧 나이다.
그와 나는 왼손과 오른손의 차이다.
왼손과 오른손이 서로 미워하고 싸운다면 분열이다.
서로 싸우다가 왼손이 다치면 오른손이 아프다.
왼손과 오른손을 내려다보고 있는 머리는 신이다.
분리된 것이 아니라 신과 서로 연결되어 있다.

그저 즐겨라

신은 모든 것이다.

나는 모든 것이다.

같은 말이다.

모든 것이기에 어느 한 곳일 수 없다.

천국과 지옥, 기쁨과 슬픔, 에고와 존재,

기독교와 불교, 목사와 스님, 여자와 남자,

풍요와 결핍, 소유와 무소유

이 모든 것이 다 신이 만든 작품이다.

어느 것이 더 우월하고 열등하지 않다.

맞거나 틀린 것이 아닌 모든 것이 진리다.

에고도 신, 존재도 신이다.

그래서 모든 것이라고 한다.

양극단의 선택이 아닌 있는 그대로 아름다운 진리다.

욕망도 내려놓음도 에고도 다 좋다.

모든 것을 그저 즐겨라.

신의 놀이

영화와 드라마를 보면서 무엇을 느끼는가?
눈물을 흘리며 동일시 하는 이유는 무엇일까?
가짜의 삶이지만 공감이 되어서이다.
그 영화와 드라마를 지켜보고 있듯이
지금 그대의 삶 또한 하나의 연극이다.
A를 만나서는 웃고 B를 만나면 분노하거나 슬퍼한다.
이것을 연기하고 있는 그대도 연기자라는 생각을 해 본 적이 있는가?
그대는 훌륭한 연기자이고 스타이다.
대본을 바꿀 수도 있다.
A에게 분노하고 B에게 웃을 수도 있다.
막장드라마를 찍을 수도 있고 품격 있는 연기자가 될 수도 있다.
삶은 또 다른 연극이다.
영화나 드라마에서 죽는 연기를 하듯
그대 또한 삶에서 죽음을 맞이하는 날이 온다.
영화에서처럼 단지 죽는 연기를 하는 것일 뿐이다.
진정한 그대는 여전히 죽지 않는다.
영화 '소울'에서 자신의 육체를 내려다보는 영혼을 보라.
그 장면은 실제이다.

그대는 지금까지 나라고 여겼던
육체를 벗어나는 죽는 연기를 위에서 지켜볼 것이다.
그대가 의식적으로 더 깊이 깨어난다면 불멸의 영혼 또한
연기라는 사실을 깨닫게 된다.
여러분이 영화를 만들고 삶을 연기하고 있듯이
신도 여러분의 영혼을 가지고 연출을 하고 있다.
그것을 신의 놀이라고 한다.
신의 놀이를 하는 그대가 신이다.

0학년

무에서 무로 돌아가는 진리

없다

신은 인간을 만들었고 인간도 수많은 정보로 신을 만들었다.
명상이 깊어지면 언어도 없고 신도 없음을 알게 된다.
신의 놀이는 언어로는 설명할 수 없다.
그리고 무

깊어지기

명상은 비논리적이다.
많은 사람들이 한 공간에서 명상을 하지만,
명상을 논리적으로 설명할 수는 없다.
장소와 시간은 같아도 느끼는 차이는 다르고,
언어로는 설명하거나 표현할 수 없다.
그래서 명상은 신비롭다.
안개에 쌓인 그대 내면의 길이 열리고
다양한 무지갯빛을 발견한다면
뒤돌아보지 말고 뛰어들어라.
생명을 유지하기 위한 일들을 멈춰라.

집착과 미련을 내려놓고 내면의 죽음을 받아들여라. 그리하면 더 깊어진다.

내면에서

예수와 붓다 같은 아름다운 스승을
신앙으로 떠받들고 있다.
그래서 깨달음의 거리가 점점 저 더 멀어지고 있다.
스승을 따라 하라.
침묵 속에서 웃고, 걷고, 노래하고 사랑하라.
따라 하다 보면 이유 없이 눈물이 흐른다.
원수도 사랑하게 된다.
그렇게 붓다와 예수를 내면에서 만나야 한다.

신과의 조우

그리고 알게 된다.
내가 붓다고 예수였다.

내가 예수이고 붓다였다.

그리고 사라진다.

아무것도 없다.

3무

1무 2무 3무로 ~~ 이어지는 깨달은 자들이 나오고 있다.

무지

종교인들은 지나치게 도덕적이고 심각하다.

십계명 때문이다.

두꺼운 사슬에 묶여있다.

그들의 얼굴에서는 사랑과 자비를 발견할 수 없을 정도로 심각하다.

불안하고 두려워서 경전을 100번 암송하지만,

그래도 현실에서는 천국과 극락을 만날 수 없다.

오직 죽음 이후에만 천국과 극락에 갈 수 있다.

이 얼마나 무지한가?

세상을 신이 창조했다면

모두가 다 신이다.
세상 모든 것이 다 신이다.
신의 작품이고 신이다.
크고 작은, 높고 낮은 모든 것을 신이 창조했다.
천국과 지옥도 극락과 연옥도
악마와 사탄도 카르마와 업도 다 신의 작품이다.
신이 악마를 두려워한다면
창조물을 두려워하는 것이기에
믿고 따를 수 없다.
그대 또한 신의 창조물이다.
하늘에 계신 아버지라고 부르고 있으며.
신의 아들이고 딸이다.
그러니 아버지를 따라 곧 신이 된다.
이미 신의 권능을 그대에게 다 주었다고 했다.
무엇을 두려워하고 주저할 것인가?
신으로서 생각하고 신으로서 행동하라
그리고 깨닫는다.
모든 창조는 무에서 나온다는 것을.

눈을 감아라

눈을 감아라.
무엇이 보이는가?
아무것도 보이지 않는다고 한다면
무거운 관념에 쌓여 깊이 잠들어있다.

다시 한번 더 눈을 감고 바라보라.
여전히 아무것도 보이지 않는가?

보이지 않는다는 것은
보이지 않는다는 것을 보고 인식하고 있다.
보이는 것을 보인다고 말하는 것과 같으니
그대 안에서 누군가 보이지 않는 것을 보고 있다.

낮과 밤의 차이다.
낮과 밤을 알아차릴 수 있는 것처럼
어둠을 보았다.

단지 표현 방식이 달랐다.

하얀빛, 노란빛, 파란빛, 검은빛 중에서
검은빛을 보았지만
보이지 않는다고 표현한 것이다.

어둠이 깊어지면 새벽이 오고
새벽이 지나면 아침이 오듯
점점 더 밝아지는 빛을 느끼며 여행을 하게 된다.
이 모든 것을 지켜보는 자가 그대이고
궁극의 '나'이며 신이다.
신이 있다는 것은
무에서 유가 창조되기에
신 또한 무에서 나왔다.

해탈

천국과 지옥에서 벗어나는 가장 빠른 해결책은 교회가 사라지면 되고,
극락과 연옥에서 벗어나는 것은 절과 성당이 사라지면 된다.
세뇌하는 원인이 제거되면 결과도 사라진다.
원인도 없고 결과도 없다.

얼굴에서 죄책감, 죄의식, 불안, 두려움이 하나씩 사라지도록 해야 한다.

하나의 미소, 붓다의 미소만 남을 때까지 …….

분리는

관계는 일체성을 분리시키는 마음 작용이다.
영혼은 중성이다.
남자도 아니고 여자도 아니다.
우리 모두는 분리될 수 없는 단일한 하나이다.
하나인데 다른 복잡한 여러 개가 될 수 없다.
부부 관계, 부모 자식 관계, 친구 관계, 연인 관계는
일체성에서 분리되어 나왔다.
관계는 소유하고 집착한다.
서로 공격하고 헤어지면서 원수가 된다.
이러한 분리는 곧 일체성을 깨닫기 위한 과정이다.

진리

신에게서 태어났기에 곧 신이 되듯
무에서 유가 되었기에 곧 무이다.
허나 이 무는 결핍의 무가 아니다.

언어 이전

태어날 때부터 인간이었고,
인간이라고 주입된 세뇌 속에서 살아왔다.
더 이상 사회와 종교에 속아서는 안 된다.
인간계 이상을 넘어설 수 없다는 한계를 지워버려야 한다.
두꺼운 애벌레의 껍질을 벗고 자유로운 나비로
관념적인 인간의 껍질을 벗고 무한한 신으로
지금이 육체적인 죽음과 상관없이 천상계임을 자각한다면,
삶은 축제가 된다.

인간의 몸으로 생각과 감정이 드러나지만,
더 안쪽에서 바라본다면
이조차도 신으로서 작용하고 있다는 깨달음이 일어난다.

신의 아들이고 딸이기 때문이다.

신도 신의 아들과 딸도
무에서 시작된다
무에서 어떻게 언어를 창조하게 되죠?
무에서는 창조될 수 없다고 하는 관념을 버리면 알 수 있다.
깨달음은 언어 이전이다.

하산

데이비드 호킨스의 의식혁명에서 700부터 깨달음이다.
스승에게서 깨달음을 인가받은 제자는 사명을 가진다.
하산하여 깨달음을 나누면서 701에서 1000에 이르게 된다.

근원적으로

무에서 왔기에 태어난 적이 없고 무로 사라지기에 죽은 적도 없다. 본질이 무이기에 근원적으로는 말을 하거나 어떠한 행위를 한 적도 없다.

창조의 신

다 가져보고 창조해본 자만이 내려놓을 수 있다.
창조 대신 회피를 선택한다면 결핍이 된다.
결핍에서는 무로 갈 수 없다.
스님들은 무한한 창조의 신을 경험해 봐야 한다.
인간으로서는 무로 갈 수 있다.
무소유는 먼저 무한한 유소유가 되어봐야 가능하다.
가져본 자만이 내려놓을 수 있다.
창조해 본 자만이 창조물이 사라지는 것을 안다.

방해꾼

종교 지도자들은 끊임없이 말한다.
거짓말하지 말라.
간음하지 말라.
도둑질하지 말라.
죄책감을 느끼게 하는 세뇌 작용이다.
신으로 가는 길을 멈추고 죄인으로 남게 한다.

의신증

나 이외의 다른 신을 믿지 말라. 인간계의 의처증이다.
신이 다른 신을 만나는 걸 의심하고 있다.
신이 이 세상을 창조했다면 다른 신도 신의 창조물일 텐데,
이러한 모순과 허구를 강요한다.
금방이라도 무너져 내릴 것 같은 불안과 두려움의 종교이다.
불경과 성경을 반복해서 읽는다고 해서 달라질 것은 없다.
체험하고 체득하지 못한 종교 지도자들이 끊임없이
만트라를 반복하고 있다.
깊은 잠에서 깨어나지 않도록
최면으로 고통을 잊게 만든다.
마음은 한 가지를 집중하면 다른 모든 것을 잊게 되지만,
최면에서 눈을 뜬 현실은 또다시 고통일 뿐이다.
고통은 회피하지 않고 그저 마주 볼 때 사라진다.
고통은 매트릭스이다.
기쁨 또한 매트릭스라는 것을 알려주어야 한다.
고통과 기쁨, 금욕과 쾌락이라는 양극
고통과 기쁨은 드러나는 반면
금욕과 쾌락은 숨겨져 있다.

금욕 속에는 쾌락에 대한 갈망의 씨앗이 잠재되어 있다.
쾌락 속에서도 금욕에 대한 죄책감이 잠재되어 있다.
드러나든 숨겨져 있던 매트릭스이다.
잠재되어 있다는 것 또한 매트릭스이다.
이것을 깨닫는 즉시 이쪽과 저쪽으로 반복해서 오고 가던
마음의 장난에서 벗어난다.
마음은 양극에서만 존재하기 때문이다.
일체를 그저 지켜볼 수 있을 때 양극은 사라진다.
양극을 벗어날 때 무극이다.
보는 것은 무이다.

벗어난 자

세상 속에 살지만 세상을 벗어난 자
몸과 마음은 이 세상에 살고 있지만,
의식은 저 세상에서 지켜보는 자로 살 수 있을 때,
모든 경계를 넘나들며 어디서나 감정적인 동요 없이
허공처럼 살 수 있다.
이 세상에 살지만

보이지 않는 바람처럼 하늘에서 내리는 비처럼
자연의 순리대로 그저 살아간다.
바람 따라 구름 따라 떠도는 나그네라고나 할까.
바람 따라 구름 따라 떠도는 '나그네.'라는 마침표가 아니다.
'나그네라고나 할까'이다. 오늘은 나그네이지만
내일은 아닐 수도 있다는 뜻이다.
그는 비어있기에 고정되어 있지 않다.
누구나 언제든 다른 모습이 될 수 있다.

아나타

고통과 욕망 속에서 스스로를 구원하고 구도자의 길을 걸어가는 자
나를 비우고 더 이상 내세울 게 없는 자
구도자의 길도 없는 자

성공은

인간적인 성공은 출세하기 위한 삶이다. 흔히 말하는 정치인, 기업인, 판사, 검사, 변호사, 의사 등을 말한다. 고등고시에 합격한 5급 이상의 공무원으로 입신양명한 자를 말한다.

진리는 어느 날 문득 찾아온다. 갑자기 인정받은 성공이 무의미하게 느껴진다거나 비난을 받거나 모욕을 받는 환경이 찾아오면서 스르르 내려놓게 된다. 더 이상 밖이 아닌 내면으로 시선을 돌릴 수밖에 없을 때, 쌓아 올린 성공은 바닥으로 떨어지고 진리의 여정이 시작된다.

정치하는 붓다, 기업을 운영하는 그리스도를 만난 적이 있는가? 결코 만날 수 없을 것이다. 누구에게나 예외 없이 삶에서 유턴이 일어나는 지점이 있다. 왕위를 내려놓은 붓다, 가난한 자에게 복이 있다는 그리스도. 왕위를 내려놓으며 천상천하의 왕이 되고, 가난 속에서도 천국의 왕이 되는 길은 그대가 더 이상 어디로도 갈 수 없을 때, 네비게이션에 통합검색으로 내면세계 혹은 진리의 길을 입력하는 순간 더 이상 높이 올라가지 않아도 된다.

곧 다음 신호등에서 유턴을 하라는 안내 멘트를 듣게 된다. 그 신호등이 아니면, 그다음 신호등에서 유턴하라는 멘트를 듣게 될 것이다.

원수를 사랑하라

과거 현재 미래는 존재하지 않고 같은 선상의 다른 지점이다.
시간은 흐르지 않는다.
그래서 전생도 없고 천국과 지옥도 없다.
모두가 다른 차원의 현재에 살고 있다.
이것을 깨닫는 것이 현존이다.
혹은 모두가 다 살고 있지 않다.
매트릭스 속에서 살고 있는
나의 전생도 다른 사람의 전생도 모두가 다 나이다.

보이지 않는 내가 보이는 모습으로 살고 있지만,
과거의 나도, 미래의 나도 다 현재의 나이다.
하지만 이 또한 착각이고 매트릭스이다.
타임머신을 타고 과거와 미래를 여행하는 영화들이 맞다.
전생의 나와 현재의 내가 동시에 존재한다.
현존 속에는 시간이 흐르지 않기 때문이다.

명상이 깊어지면 '나는 모든 것이다.'라는 의미를 자각한다.
사랑하는 자, 미워하는 자, 부모와 자식, 연인 등
예외 없이 모두가 다 하나이다.
예수는 원수를 사랑하라 했고, 붓다는 모두가 다 부처라고 했다.
원수조차도 또 다른 나이고 같은 부처이기 때문이다.
또 다른 이라는 의미보다도
그도 당연한 나이다.

내 의식만큼

근원적인 나는 존재하지 않는다.
태어난 적도 죽은 적도 없다.
태어난 적도 없으니 원죄도 없고
죽은 적도 없으니 카르마도 없다.
부모에 의해서 태어났고 그 부모도 부모에 의해서 태어났지만
태어나기 이전으로 거슬러 올라가면 아무것도 없는 무이다.

부모에게서 분리되어 태어나지만 보여지는 육체의 모습과
핏줄로 연결되고 관계로 연결되어있다.
더 나아가 사회, 민족, 나라, 인류로 통합된다.
더 깊어진 의식 속에서는 분리된 적이 단 한 번도 없는 일체성이다.
천국과 지옥으로 분리된 적이 없다.
분리된 의식으로는 지금을 천국처럼 살 수도 있고 지옥처럼 살 수도 있다.
내세를 추구하는 순간 죽을 때까지 지옥처럼 살 것이며,
그러한 두려운 의식으로 죽는다면 천국 근처에도 갈 수 없다.
천국과 지옥은 단 한 번도 분리된 적도 생겨난 적도 없다.
하늘나라의 천국과 불길 속의 지옥은 무슨 차이가 있는가?
높고 고급스런 아파트에 사는 자는 행복하고
낮고 허름한 주택에서 사는 자는 불행한가?
의식적인 차이가 있을 뿐
천국과 지옥의 차이도 이와 다르지 않다.
천국과 지옥은 외부 세계에 있거나 내세에 있지 않다.
그대 의식 세계에 존재하는 매트릭스일 뿐이다.
보이는 세계에서 물건을 사기 치는 자들은 그래도 순수하다.
조금만 깨어 있으면 피할 수 있다.
종교는 자신들도 가 보지 않았으면서도

전해들은 것만으로 영업을 하고 있다.
그리고 물질을 멀리하라고 하면서 십일조는 내라고 한다.
보이지 않는 세계의 천국과 지옥을 사기 치는 자들은 조심해야 한다.
눈을 감고 명상 속에서의 나를 느껴보아야 한다.
존재하지 않는 허공이다
나는 존재하지 않기에 천국과 지옥에 대한 환상도 두려움도 없다.

오직 공

색즉시공 공즉시색 색은 없고 모든 것은 공이다.
색에도 속지 말라, 색도 없으며 오직 공이다.

고통의 시작

바라고 소유하는 순간 고통은 시작된다.
본래 내 것이 없으니
그것이 물질이든 비물질이든 소유하지 말라.
소유는 마음의 영역이다.

서류를 작성하고 도장을 찍는다 한들
본질적으로 우리는 그 무엇도 소유할 수 없다.
마음도 내가 아니기에 소유의 대상도 소유하는 자도 없다.
소유물도 소유하는 자도 모두 허상이다.
소유물을 가져도 여전히 가난한 것은 소유하고자 하는 자가 있기 때문이다. 소유하려는 자가 있는 한 가난을 벗어날 수가 없다.
그것이 물질이든 직책이든 대상이든 부족함을 느끼기에 소유하려는 것이다.
그대가 육체적인 죽음을 맞이한다면 물질적인 소유물은 어디에 속하는가?
그대의 자식들 또한 죽을 것이며 물질적인 소유물은 어디에 속하는가?
소유물을 갖는다는 것은 사회적 관념 작용이다. 소유물을 갖는 자 또한 허상일 뿐 그 어디에도 존재하지 않는다.
궁극적으로 소유물 자체와 소유자가 존재하지 않았다.

삶이 명상

존재의 근원은 무이다.
그것이 진리이다.

명상 속에서는 아무것도 없다.
현실에서도 그렇게
각성이 되어서 살 수 있다면
삶이 곧 명상이다.

어디쯤 가고 있을까

중요하지는 않지만 1차원은 광물의 세계이며 2차원은 식물과 동물의 세계이고 3차원은 인간계의 세계이다. 그래서 이 세계를 3차원, 영혼은 4차원 신성불성을 5차원이라고 한다. 그리고 중도, 신, 무의 차원이다. 경우에 따라서 3차원을 동물, 4차원을 인간계로 나누기도 있다.

그렇다면 나는 어디쯤 가고 있을까? "저 사람 4차원 같애."라고 한다면, 인간 같지 않다는 말이다. 그러나 좋은 의미이고, 4차원이 되어야 그 다음 차원으로 깊어질 수 있다. 몸, 마음, 영혼, 신성, 불성, 중도, 신, 무로 이어지는 진리의 여정 속에서 다음 차원을 이야기하면, 언제나 공격을 받는다. 내 관념과 다르면 4차원이 되고 사이비가 된다. 이는 의식적인 차원이 다르기 때문이다.

지금 나는 몇 차원쯤 지나가고 있을까?

사라짐

같음과 다름, 좋은 것과 나쁜 것, 사랑과 미움, 과거와 미래, 높고 낮음, 죄인과 성인, 우월함과 열등함의 차이가 없다.

보여줄 것도 숨길 것도 없으며, 종교와 비종교가 모두 하나이듯
분리와 통합이 아닌 일체성이다.
일체성 속에는 깨달음도 없고 에고도 없으니
공격하는 자도 공격받는 자도 없다.
성부와 성자와 성령이라는 분리도 통합도 없다.
태어나지도 않았으니 죽지도 않는다.
질문하는 자도 답변하는 자도 없다.
기뻐하고 슬퍼하는 일체의 모든 행위는 허상이다.
그저 일체성 속에서 모든 것을 보는 자만 있을 뿐
깊게 잠을 자고 나면 모든 것을 잊고 아무것도 모르듯이
보는 자 또한 없다.

1~999

마음은 보이지 않으면서 육체적인 행위를 통해서 나타난다.
마음은 기억된 정보를 바탕으로 반응한다.
때문에 조건과 환경에 따라서 분노하고 기뻐한다.
그러나 명상이 깊어지면 마음이 존재할 수 없다.
마음이 없기에 반응하는 자도 있을 수 없다.
기억도 이름도 성격도 감정도 없으며 내가 누구인지도 알 수 없다.
그곳에는 아무것도 없다.
언어가 없는 그곳에 도착하기 위해서
그 시대에 맞게 사용해야 할 언어가 변형되어 왔지만
진리는 침묵 속에서 연결되어 왔다.
그래서 언어가 없어도 들을 수 있고, 언어가 없어도 말할 수 있다.
아이와 엄마는 언어가 없어도 사랑의 파장으로 소통이 가능하다.

간격이 차이 나면 이해의 영역을 벗어나
엉터리 깨달음으로 오해를 받을 수도 있다.
1000 의식을 가진 스승이라면 1~999의 언어를
대상에 맞게 순서를 바꿔가며 사용할 수 있다.
의식레벨에 따라 시대 흐름에 따라 새로운 언어와 방식으로 깨달음은 전해지고 일어날 것이다.
그렇지만 언어로서 일어나는 것이 아닌 파장 속에서 일어난다.

그냥 사는 것

모두가 특별해지려고 한다. 특별해지려고 하는 모두는 평범하다.
그들 모두는 잠들어있다.
역설적으로 드러나지 않게 평범한 자만이 특별하다.
평범해지려고 하는 행위도 특별하기에
특별해지려고도 평범해지려고도 하지 않는 자만이 매우 특별하고 평범하다.
그는 아무것도 내세울 게 없는 아나타이고 무아이다.
내세울 건 아무것도 없다.
꽃이 피고 새가 울고 바람 불고 비가 내리듯이 자연스럽다.
그냥 사는 것
그는 명예도 권력도 아무것도 없으며 일어나는 그대로 자연스럽다.
깨달음은 성공이 아니다. 목적하는 바가 없으며
목적지가 없다.

평범한 일상

사랑에 빠진 자에게는 숨길 수 없는 에너지가 감지된다.
구름 위를 걷고 가슴으로 노래하는 게 느껴진다.
깨달은 자에게는 특별하거나 아무것도 변화된 게 없다.
구름 위를 걷거나 아래를 걷더라도 똑같은 평범한 일상이다.

교회와 절에 가면 그리스도와 붓다를 대신하는 상징물이 있다.
사람들은 힘들고 고통스러울 때마다 그곳을 찾아 기도한다.
잠시 위안을 얻을 뿐 고통이 줄어들지 않는 것은 방향이 다르기 때문이다.
오랜 세월 그리스도와 붓다를 만나고 있지만,
청동과 나무로 만든 빈 껍데기를 만나고 있다.
그대가 죽고 난 이후,
그대를 쏙 빼닮은 청동과 나무로 만든 형상이 그대일 수 없다.
그곳을 찾을 시간에 조용히 앉아서 내면세계로 들어가라.
오직 그곳에서 만이 천국과 그리스도와 붓다를 만날 수 있다.
그리스도와 붓다는 형상이 없다.
그대 또한 형상이 없을 때만이 그들을 만날 수 있다.
신을 만나거나 무를 깨닫고자 한다면 그대가 사라지면 된다.

이런 사랑

나한테 뭘 주어도 아깝지 않다고 했지?
나도 마찬가지야, 너를 위해 신명을 다 바칠게.
인성이 아닌 내 안의 밝은 신성을 너에게 바칠게.
나에게 일어날 깨달음을 너에게 주겠다는 뜻이다.
물질을 나누는 것과는 차원이 다른 선물이다.
나의 깨달음을 줄 수 있을 때
오직 그때만이 무가 될 수 있다.

참다운 해방

다른 나라의 지배에서 벗어난다.
다른 사람의 지배에서 벗어난다.
주변의 속박에서 벗어난다.
무엇보다도 자신의 굴레에서 벗어날 때
그때 비로소 참다운 해방이 일어난다.
이것을 해탈이라고 한다.

아니다

깨달음을 아는 나는 누구인가?
그것은 현존이다.
언어로서는 말할 수 없다.
단지 침묵 속에서 지금 아는 것일 뿐
무인데 말을 할 수 있는 것인가?
그렇다.
무라서 말을 할 수 없다는 것은 관념이다.
무에서 언어가 창조되었기에
무는 언어가 없는 상태가 아니다.
모든 것이고 무한하다.

무에서 무

인성이 사라져야 신성이 나타나는 것은 아니다. 이미 신성은 있었다. 명상은 인성속에서 신성을 경험하게 한다. 이때 인성의 균열이 일어나면서 신성, 불성의 빛이 퍼져 나온다. 이것은 껍질 밖 어미 닭이 준비된 병아리의 파장을 감지하고 껍질을 쪼아 병아리가 세상 밖으로 나오는 것과 같다. 인성과 신성의 부딪침이 일어나는 것은 그대의 자각이다.

성경과 불경, 세상에 있는 수많은 경전으로는 열 수 없다. 그렇다면 이미 수많은 경전의 지식으로 깨달음의 바다가 되었어야 한다. 그 때는 그대가 만든다. 스승에게서 나오는 마중 빛과 그대의 자각이 잠자고 있던 내 안의 등불을 켠다. 그 등불은 무에서 무로 이어진다.

변화

육체의 변화는 세월
마음의 변화는 환상
근원적인 변화는 깨달음

축복

너는 누구인가? 그리스도
나는 누구인가? 붓다
너는 누구인가? 붓다
나는 누구인가? 그리스도

삶은 너와 내가 그리스도이고 붓다가 되는
축복의 여정

환상

너는 어디로 가고 있는가? 천국
나는 어디로 가고 있는가? 지옥
너는 어디로 가고 있는가? 지옥
나는 어디로 가고 있는가? 천국
삶은 너와 내가 천국과 지옥으로 가는
환상의 여정

SNS

성 개방이 되었다.
인스타그램, 페이스북, 틱톡 등등
건강하고 아름다운 젊은이들이
어른이들이 육체를 꽁꽁 싸맨 갑옷을 벗어 던졌다.

육체는 아름다움을 창조하는 도구이다.
검열도 스스로 한다.
관념적인 육체로부터 자유로워지고 있다.

종교도 문을 활짝 열고 개방되어야 한다.
거추장스러운 유니폼을 벗고 자유로워져야 한다. 문화와 문명, 의식은 빠른 속도로 변화하고 있는데 종교는 아직도 무거운 교리와 계명으로 중세 시대에 묶여있다.

눌려있던 것은 폭발하기 마련이다. 관념적인 것을 벗어던져야 한다.

서로의 경전과 종파 따위로 벽을 만들거나 분리되어서는 안 된다. 깨달음과는 아무런 상관이 없다.
깨닫고 보면 모두가 다 나였다.

형식적이고 틀에 박혀있으니 깨달음과는 멀어진 것이다.
느끼고 있겠지만 종교가 사라지고 있다.

곧 다 사라진다.
유럽에서는 많은 부분 종교가 사라졌다.

관념적이고 두려운 자들만 종교를 찾고 있다.
종교가 없다면 지옥도 천국도 없다.
깨달음도 고통도 학습되었다.
모든 것은 학습이다.
학습된 현상계는 매트릭스이고 허상이다.
존재한 적이 없다.

졸업생

깨달음은 하나이고 홀로이다.
거대한 홀로이다.
붓다, 그리스도, 죄인, 성인, 거지가 모두 하나이다.
그 어느 누구와도 분리되지 않는 통합이다.
분리된 적이 없기에 통합이라고도 말할 수 없다.
거대한 일체성이다.
그 일체성에는 분리도 없으며 탄생도 죽음도 없다.

명상 때 빛을 느끼고 바라보는 것은
명상이 깊어진 것이며

더 깊어지면 빛이 모이면서 영상이 된다.
그리고 내가 원하는 모든 것을 창조해서 바라볼 수 있으며,
놀이도 할 수 있다.
그때부터 삶을 바라보는 방식이 달라진다.
더 이상 과거의 내가 아니며 다시 돌아갈 수도 없다.
돌아갈 수도 있지만 두려운 차원이 아닌 그저 지켜보는 자로 존재한다.
옛날처럼 성공하기 위해서, 명예를 얻기 위해서, 물질적인 것을
얻기 위해서 살지는 않는다.
이제 그런 삶에서는 졸업을 했다.
졸업생이 되어 놀러 갈 수 있지만 복학을 할 필요는 없다.
그래서 삶의 방향이 달라지고,
나는 어디로 가고 있는가의 의미를 알 수가 있다.
무엇인가를 얻기 위한 삶에서 이제 졸업을 하고 무엇인가를
내려놓거나 나누는 삶으로 방향 전환이 일어난다.
유에서 무로 그렇지만 그 무는 부족하거나 결핍의 무가 아니다.
모든 것을 다 가져본 자의 여유이다.
다 가져본 자만이 내려놓고 비우고 나눌 수 있는 무한한 무이다.

그저 무

사이비는 나만 신이다.
깨달음은 나도 신이고 너도 신이다.
모두가 다 신이다.
모두가 다 신이기에 신이라는 단어가 특별히 존재할 이유가 없다.
그래서 신은 없다.
지금까지 환상 속에서 꿈을 꾸었다.
이제 환상에서 깨어나고 환상이 사라진 삶이 기다리고 있다.
이제 삶이 어떻게 전개될까?
그리고 보니 환상에서 깨어남 또한 환상이다.
환상도 깨어남도 없다.
모든 것은 없었다.
있지도 않았기에 없다고도 말할 수가 없다.
그래서 어떠한 언어로도 표현할 수 없다
그저 무

극단

빛과 어둠, 선과 악, 천국과 지옥, 행복과 불행은 양극단이다.
어느 한쪽만 존재할 수 없다.
한쪽이 있기에 다른 한쪽도 존재할 수 있다.
고통은 극단적으로 한쪽을 집착하면서 발생한다.
어느 쪽도 완전하지 않다.
양극단을 초연하게 바라볼 수 있을 때 벗어날 수 있다.
그때는 천국도 천국이 아니며 지옥도 지옥이 아니다.
모든 것이 허상이기에 어디든 상관이 없다.

지금 100%

힘들어하면서도 휴일 예배를 가야만이 희망을 찾는 사람을 보았다.
"하루하루 사는 게 지옥 같다면서, 좀 쉬지 그러세요?"

하지만 이러한 위로보다는 휴일 예배 참여가 그에게는 더 큰 위로였다. 지금은 힘들어도 그에게는 죽음 이후 천국에 갈 수 있다는 희망이 보였던 것이다.

지금은 지옥, 죽음 이후에는 천국
지금은 천국, 죽음 이후에는 지옥

무슨 차이가 느껴지는가?

이미 지옥을 경험하고 있는데 죽음 이후의 지옥이 왜 두려운가? 지금 모든 에너지를 사용한다면 천국처럼 살 수 있다. 지옥이라는 두려움과 천국이라는 희망을 내려놓고 지금을 산다면 삶이 천국이란 것을 발견할 수 있다.

지금을 온전히 살 수 없는 분리된 의식은 두려움을 만든다. 후회하는 과거 기억 50%, 두려워하는 미래 50%, 현재 0% 에너지로 사는 것과 지금을 100%로의 에너지로 산다면 후회와 두려움이 있을 수가 없다. 오늘 휴식하면서 천국의 씨앗을 느낄 수 있어야 한다. 그 느낌을 키우고 확장시킬 수 있다면 오늘 천국, 내일도 천국, 죽음 이후에도 천국이 된다.

깨어 있다면

그룹으로 하든, 홀로 하든
가부좌를 틀고 하는 행위적인
명상 시간이 따로 필요하지 않다.

삶 자체가 명상이다.
종교적인 명상을 보라.
기계적이고 규칙적인 명상을 하고 있다.
구속과 억압으로 길들여진 명상이다.
노력하는 행위는 바라는 마음 작용이다.
육체가 움직임 없이 똑바로 앉아있다고 명상이 되는 것은 아니다.
오히려 긴장과 고통 속에 있다.
뇌파가 떨어질 수가 없다.
꾸벅 잠이 들면 누군가 다가와서 내리친다.
명상을 모르는 무지함이다.
이러한 환경에서는 깨달을 수 없다.
그저 명상을 하는 척 앉아있을 뿐이다.
자각은 마음이 사라져야 일어나지만. 끝없이 마음을 쓰게 한다.
마음으로는 깨달을 수 없다.
그렇지만 마음을 배척하고 싸울 일은 아니다.
일어나는 마음을 그저 지켜보면서 가면 된다.
규칙을 정하지 말고 마음을 자연스럽게 받아드리며 명상하라.
통제하지 않을 때
규칙을 깨는 그 틈 속으로 마음이 사라진다.
그 틈이 깨달음이고 해탈이다.

투영

내가 분노할 때 세상도 분노한다.
내가 슬퍼할 때 세상도 슬퍼한다.
내가 전쟁할 때 세상도 전쟁한다.
내가 침묵할 때 세상도 침묵한다.
내가 명상할 때 세상도 명상한다.
내가 사랑할 때 세상도 사랑한다.
일어나는 모든 것은 내 의식의 투영이다.
하지만 그 모든 것 또한 존재하지 않는다.

역설이란

관념화된 것을 뒤집어서 바라보는 것이다.
죄는 미워하되 사람은 미워하지 말라.
사람을 미워하지 않으면 죄도 미워할 수 없다.

신은 사랑이다. 그렇다면 사랑도 신이다.

내 안에 사랑이 있음을 깨닫는다면 나는 신이다.

깨닫기 전까지는 역설이 필요하다.
깨닫고 나면 모든 것이 허상이기에 역설도 없다.

깨달음

나는 안다.
깨달은 자가 보기에 그는 모르는 것이다.
나는 모른다.
깨달은 자가 보기에 그는 알고 있다.
나는 안다.
깨닫지 못한 자가 보기에 그는 아는 자이다.
나는 모른다.
깨닫지 못한 자가 보기에 그는 모르는 자이다.

영혼은 중성이다

저의 전생은 무엇이었죠? 보이는가요?
명상을 하면 전생을 볼 수가 있나요?
전생을 보면 지금의 삶이 달라질 수 있을까요?
다음 생에는 남자로 태어나고 싶어요?
단지 이번 생에는 여자의 모습을 한 것뿐이다.
다음 생에 남자로 태어난다고 해서 달라질 건 아무것도 없다.
그대는 여전히 어떤 성별도 아닌 중성이다.
과학은 시간이 흐르지 않는다고 입증했다.
맞는 말이다.
시간이 흐르지 않기에 과거도 없고 미래도 없다.
시간이 흐르지 않는다면 전생도 없다.
없는 시간을 살았기에 허상이다.
TV 드라마가 허구이지만 실제처럼 착각하는 무지한 자도 있다.
인생을 실제처럼 착각하는 자 역시 무지하다.
그래서 우리의 인생은 긴 꿈이고 매트릭스이다.
그 꿈에서 깨어나는 길은 깨달음뿐이다.

지켜보는 자도 없다

눈을 감고 뭔가를 느끼고 볼 수 있을 때 삶은 변화된다.
그것이 명상이다.
눈을 뜨고 볼 수 있는 것에는 한계가 있다.
몸을 움직여야만 볼 수 있지만, 명상이 깊어지면
원하는 곳 어디든 갈 수가 있다.
때가 되면 가야 할 곳으로 저절로 움직인다.
그것은 계획하지 않아도 된다.
일어나야 할 것이 일어나는 새로운 차원이다.
빛이 있으라 하면 빛이 있다.
전지전능하기에 무한 창조이다.
모든 것을 바라보는 주체가 되고 모든 것이 내 안에서 이루어진다.
세상의 근심 걱정, 고통과 번뇌는
이제 더 이상 근심 걱정, 고통과 번뇌가 아니다.
똑같은 상황이 되풀이되고 마주하여도 이젠 예전의 내가 아니다.
고통을 느끼는 주체가 사라졌다.
고통을 느끼던 주체가 사라졌으니 고통도 존재할 수 없다.
마음으로 보던 자가 사라지고 마음을 보는 자도 사라졌다.
이제 보고 있지만 보는 자가 없고, 느끼고 있지만 느끼는 자도 없다.

더 이상 보여지는 대상도 그것을 지켜보는 자도 없다.
대상도 보는 자도 없는 무이다.
그저 무일 뿐.

너 자신을 알라

그리스도의 신성, 붓다의 불성을 체득하면
그리스도와 붓다와 내가 하나임을 안다.
그때에는 내가 그리스도이고 붓다이기도 하지만,
그리스도도 없고 붓다도 없다.
있기도 하고 없기도 한 지점이다.
있던 것이 소멸되고 없던 것이 생성되는
생성과 소멸의 법칙이 일어나는 그것이다.

똑~똑~똑

아무도 안 계세요?
……

부재중이다.
그곳에는 아무도 살지 않는다.
대답할 자가 없다.
허구의 집이었다.
찾아온 자도 없다.
모든 게 허구였다.
허구라고 인식하는 자도 없다.
모든 게 없다.

스승은 언제나 부재중이다.
그 집에는 아무도 살지 않는다.
고리타분한 경전도 없고
논쟁도 들리지 않는다.
깊은 침묵만 흐를 뿐
텅~텅 빈집이다.
빈집을 찾아 오는 자도 없고
어쩌다 찾아온 자도
곧 사라진다.
그가 제자이다.
존재하지 않는 자가 찾아온 자를 깨우는 것
이것이 진리다.

공존

사랑과 미움, 행복과 불행, 탄생과 죽음,
남자와 여자는 서로 양면성이다.
어느 한쪽만 존재할 수 없다.
서로 반대적인 것을 통해 공존한다.
다르게 보이는 양쪽의 본질은 같다.
그것이 깨달음이다.

같은 것

낯선 공간, 낯선 사람을 만날 때 낯설다고 느낀다.
본질적인 것을 아는 자는 어디에서도 낯설지 않다.
그는 다른 것이 아닌 같은 것을 보고 있기 때문이다.
낯선 공간, 낯선 사람이 어색한 것은 마음 작용이다.
마음은 익숙한 것을 좋아하고 낯선 것을 경계한다.
그는 나와 다른 것으로 착각한다.
어색한 침묵이 흐르고 초조해한다.
마음은 어색함을 깨기 위해서 조심스레 말을 꺼내야 한다.

같은 것을 발견하기 위해서다.
고향이 어디세요? 학교는?
이 침묵은 같은 것을 찾아야 깨진다.
우리는 이미 같은데 같은 것을 찾고 있다.
이제 더 이상 찾지 않아도 된다.
근원적인 것은 분리된 적이 없다.
같은 영혼이고 존재이다.
낯선 공간, 낯선 사람들을 만나면
굳이 '우리 같은 영혼이네요.'라고 말하지 않아도 된다.
먼저 깨닫고 기다려주면 된다.

소멸

밤도 없고 낮도 없으며 어둠도 없고 빛도 없다.
안도 없고 밖도 없으며 행복도 없고 불행도 없다.
부도 없고 가난도 없으며 갑도 없고 을도 없다.
아름다움도 없고 추함도 없으며 희망도 없고 절망도 없다.
성인도 없고 죄인도 없으며 천국도 없고 지옥도 없다.
생각도 없고 감정도 없으며 좋고 싫은 것도 없다.

분리도 없고 전체도 없으며 탄생도 없고 죽음도 없다.
질문도 없고 대답도 없는 침묵의 공간이다.
그곳에는 이중성이 사라진다.
모든 것이 소멸된다.

삶은 축복

삶이 명상이 되는지
일상에서의 체크가 일어난다.
모든 것을 있는 그대로 존중하는지
죽음을 맞이하고도 노자처럼 춤을 출 수 있는지
억울함과 모함 속에서도 그저 바라볼 수 있는지
오른뺨을 맞으면 왼뺨도 내밀어 줄 수 있는지
실기시험을 통해서 알 수 있다.
이 과목을 통해서 삶은 축복이 된다.

이미

종교를 가진다는 것은 무지함이다.
종교적이지 않기에 종교를 가지는 것이다.
종교성이면 종교가 필요 없다.
종교성은 사랑과 자비이다.
스스로가 사랑이고 자비라면 종교적이다.
사랑과 자비가 없기에 헛헛하고 불안하여 종교를 찾는다.
그래서 종교에 집착한다.
집착한다고 해서 종교적으로 되는 것은 아니다.
집착한다는 것은 외부의 것이기에
아직 종교성이 아니다.
집착하지 않아도 이미 있는 것이 종교성이다.
사랑과 자비는 외부에 있지 않다.
사랑과 자비를 어떻게 추구할 수 있겠는가?
그것을 추구하고 있는 게 종교이다.
경전을 읽지 않아도 달성하지 않아도 된다.
사랑 그 자체, 자비 그 자체이다.
이미 그것이다.

진리는

사실은 육체적인 행동, 겉으로 드러난 표면적인 것
이 시대의 법은 사실을 기반으로 한다.
진실은 육체가 움직이기 이전의 마음 적인 것
그래서 마음이 간절하면 진실이 드러나기도 한다.
진리는 외면과 내면이 없는 무한적인 것
그곳에는 사실도 진실도 없다.

명상하라

사랑은 성경 속에서 찾을 수 없다.
자비를 불경 속에서 찾을 수 없다.
삶을 배척하지 말고 있는 그대로 받아들여라.
삶의 희로애락을 지나면서 발견할 수 있다.
인간에게서 사랑을 발견한 자 그리스도가 된다.
인간에게서 자비를 발견한 자 붓다가 된다.
나무에게서 사랑을 발견한 자 그리스도이다.
돌에게서 자비를 발견한 자 붓다이다.

모든 것은 내 의식이 밖으로 투영되어 나타난다.
아직도 깨달음이 경전 속에 있다고 느낀다면
지금 명상하라.

일체성

내 아들, 내 딸, 내 여자, 내 남자, 내 친구, 내 식구, 내 가족
내 소유로 되어 있는 것들과
우리나라, 우리 민족, 우리 회사, 우리 편,
내 소유와 우리 소유로 되어 있는 것들이 저지르고 있는
공격적인 만행들을 보라.
누가 누구를 소유할 수 있는가?
표면적인 것들을 왜 소유하려고 집착하는가?
부족하고 가난하기 때문이다.
물질적인 부자는 영원하지 않다.

죽음을 통해서 내려놓을 수밖에 없다.

세계 최고의 부자는 오늘도 쉬지 않고 돈을 벌고 있다.

알렉산더, 징기스칸은 멈추지 않고 세상을 정복하며 땅을 넓혀 나갔다.

그리고 죽었다.

이것은 무엇을 의미하는가?

부족함과 가난은 마음을 쓰기 때문에 멈출 수가 없다.

그 욕심을 다 채울 수 없다.

오직 깨달은 존재만이 전지전능하고 영원하다.

그리고 그들은 부자이다.

붓다와 그리스도는 죽음 이후에도 하늘나라에서 로열티를 받고 있다.

목사를 보고 헌금하는 것이 아니다. 예수 이름으로 한다.

스님 이름으로 하는 것이 아니라 붓다 이름으로 한다.

그들은 절대적이며 영원한 부자이다.

물질적인 부자는 영적인 부자를 따라갈 수 없다.

영적인 것은 모방할 수 없다.

그것은 표면적이지 않다.

그리스도 머리 스타일을 따라 하거나

붓다 스타일을 따라 한다고 되는 것이 아니다.

그리스도와 붓다가 되는 길은 지금 가던 길을 멈추고

내면세계로 들어가야 한다.

그곳에서는 그리스도와 내가 다르지 않으며
붓다와 내가 같은 하나이다.
그래서 붓다는 모두가 다 부처라고 했다.
그리스도 또한 나를 알면 천국이라고 했다.
그것은 분리된 적 없는 일체성의 깨달음이다.
그곳에는 원죄도 카르마도 없다. 지옥도 천국도 없다.

깨달은 자

세상에는 살아 있지만 죽어 있는 자들이 많다. 그들은 죽었으면서도 죽음을 두려워하고 있다. 예수가 말한 이미 죽어있는 자들이다. 이 죽어 있는 자들은 생각과 기억, 감정을 나라고 동일시하는 자들이다. 그들은 이미 죽어있기에 더 이상 죽을 수도 없지만 죽음을 두려워하는 내가 아직도 남아있다. 반면 죽음을 두려워하거나 내세울 게 있는 '나'가 영원히 사라지고 소멸된 자들도 있다. 의식적으로 깨어난 그들을 깨달은 자라고 한다.

없다

깨닫기 전에는
시작이 있으면 끝이 있고, 끝이 있으면 시작이 있었다.
원인이 있으면 결과가 있고, 결과가 있으면 원인도 있었다.
깨닫고 난 후에는
시작도 없고 끝도 없다. 원인도 없고 결과도 없다.

신의 영역

내 몸, 내 기분, 내 마음, 내 가방, 내 집, 내 영혼
영혼도 내가 아니다.
그래서 내 영혼이라고 한다.
깨어나면 영혼이라는 것은 없다.
신성부터는 내 신성이라고 하지 않는다.
그래서 인간계를 벗어난 신의 영역의 입구에 들어섰다.
깨달음은 여기서부터 시작된다.
나의 신이라고도 표현할 수도 있지만
깊어지면 여기서 말하는 나=신, 이는 같은 말이다.

그래서 나를 알면 천국이고 신이다.
천국을 들어가기 위해서는 11조를 낸다고 해도
인성으로서는 들어갈 수 없다.
그래서 신성이 되어야 가능하다.

이미 과학에서 입증했듯이 시간이 흐르지 않는다면
넘나드는 차원 이동이라는 개념도 사라진다.
영혼이라는 것은 시간과 공간의 개념이 필요하다.
그래서 과거라는 전생, 미래라는 후생이 존재해야 한다.
보이는 이생과 보이지 않는 후생의 공간이 필요하다.
이것은 차원 이동이다.
한정 짓는 차원의 벽이 존재하지 않는다면 공만 남는다.
그래서 태초에, 종말이라는 개념은 있을 수가 없다.
우리가 살고 있는 이 세계는
공 속에서 영화의 세트장처럼 지어졌다 사라진다.
실제 같지만, 실제가 아니다. 매트릭스이고 허상이다.
모든 게 텅 빈 공이라면 어디에서 시작이고 어디에서 끝인가?
시작도 없고 끝도 없다.
아무것도 없다.

나는 모든 것이다.

나는 자연이고 바람이고 사랑이고 분노이다.

나는 모든 곳에 존재한다.

나는 죄인 속에도 존재하고 성인 속에도 존재한다.

나는 모든 것을 창조했다.

나는 욕을 창조했고 섹스를 창조했고 악마를 창조했다.

나는 신이다.

각자가 나라고 표현하는 것은 다 신이다.

나는 붓다이다.

나는 모든 것이기 때문이다.

또한 불성이고, 신성이고 깨달음이다.

무엇이든 다 내가 창조했지만

또한 내가 창조하지도 않았다.

나는 무슨 말이든 할 수 있다.

그리고 나는 아무 말도 하지 않았다.

나는 무이다.

깨어나라

어느 날 새벽 명상에서
무의 메시지를 경험했다.
그 순간 모든 것이 정리되었다.
그리고
퉁소와 빨간 양말
목걸이가 내려왔다.
목걸이 안에는 12개의 알이 빛나고 있었다.

감정놀이

모든 게 허구이고 허상이다.
죄의식, 슬픔, 기쁨, 평화, 불행, 행복 등
그저 마음에 의한 감정 놀이를 하고 있다.
그래서 어디에서든 깨달을 수 있다.
깨닫고 보면
그러한 놀이는 존재하지 않았다.

슈퍼소울릴레이

　오래전 명상 속에서 경험한 소멸, 사라짐, 무를 실현 속에서 경험하는 시작점이 2014년 1회 슈퍼소울릴레이를 개최하면서였다. 그리고 2016년 2회 슈퍼소울릴레이를 개최하면서 내 몸이 몇만 볼트에 감전되어 불타 없어지면서 완전한 무를 깨달았다.

　2016년에 디팍 초프라를 초청하였다. 장소는 워커힐 호텔이었다. 2주 전까지만 해도 참가자가 별로 없었다. 선거철, 대학생 시험 기간, 주중이라는 악조건 속에서 진행하였고, 지도자들조차도 내게 취소를 제안했다.

　홀로 명상을 하고 있을 때 숨을 쉴 수 없을 만큼 가슴이 답답했다. 지도자들 앞에서 당당하게 말했고, 세상에 공표했던 행사였다. 이 시대에 꼭 필요한 행사지만, 실현되지 않았을 때의 두려움과 세속적인 수치심 등등 바위 수백만 개가 가슴을 누르고 있는 느낌이었다. 그 가슴 속의 건조한 답답함은 마치 언제든 불이 붙을 수 있는 '산불조심' 기간의 느낌이었다. 그리고 자연적으로 불이 일어났고, 전기가 흐르고 몇 만 볼트에 감전되었다.

　다음 순간 불길이 폭발하면서 몸이 타들어갔다. 마치 종이에 불이 붙은 것처럼 번져나갔다. 불길이 지나간 몸은 검게 탄 종이처럼 공기 중으로 흩어지고 사라지면서 소멸되었다. 수백 수천 생의 에고와 지금의 몸이 동시에 소멸되고 사라지는 생생한 느낌이었다.

죽음과 소멸을 경험한 이후의 느낌은 그 어떤 언어로도 표현할 수 없었다. 이제 더 이상 어떤 죽음도 없으며, 세상에 없으면서도 존재하는 나는 전혀 새로운 차원이었다. 그때의 느낌은 자신을 인식 못하는 무의식과 자신을 의식하는 차원을 벗어나, 인식하는 것도 인식 못 하는 것도 없는 그 너머였다. 언어로는 표현할 수가 없다. 그래도 표현해야 한다면 '무'이다. 여기서의 무는 결핍의 무가 아니다. 태어나지도 않았지만 모든 것인 근원적인 무였다.

명상이 깊어지면 의식의 눈을 뜨게 된다. 명상에서 경험한 수많은 차원들의 경험은 실현을 통해 현실에서 체크 받는다. 그것이 진리다. 슈퍼소울릴레이는 이러한 진리를 나누는 글로벌 행사이다.

의식 도표

양극은 높고 낮은, 우월함도 열등도 없다.
긍정과 부정도 천국과 지옥과 다르지 않다.
같은 선의 다른 지점일 뿐이다.
이 모든 것은 학습된 것이며 허상이다.
그래서 어디에서나 자각만 하면 깨달을 수 있다.

[의식도표] 깨달음은 허상이기에 어디에서나 깨달을 수 있다.

진리의 마을

시간은 흐르지 않고 과거와 미래도 없다.
태어남도 죽음도 없다.
그렇다면 원죄와 카르마도 없다.
태어남과 죽음을 창조한 신도 있을 수가 없다.
나는 왜 태어났을까요?
질문하는 자도 답변하는 자도 없다.
지금 눈앞에 보이는 모든 것은 환상이다.
그러하니
깨달음 또한 환상이다.
깨달음은 없다.